1週間2000円

りんの 節約

おうちごはん

マイナビ

はじめに

こんにちは。りんです。

私は2000円で食材を使い回す献立を考えて、ゲーム感覚で楽しみながら節約をしています。ある日たまたまスーパーで2000円分の買い物をして、1週間後に冷蔵庫を見ると食材が余っていました。余るということは2000円で1週間過ごせるものだと気がつき、そこから「1週間2000円生活」をするようになりました。そしてYouTubeでも「1週間2000円生活」の動画を投稿したところ、290万回再生超えの大反響を呼び、多くの方に見ていただけるようになりました。

最初は収益のために始めたYouTubeですが、「りんさんのおかげで自炊できるようになりました」などのあたたかいコメントが嬉しく、やりがいも感じてもっと皆さんの役に立ちたいと思うようになり、本書の出版に至ります。

私は3年前までほとんど料理をしたことがありませんでした。2020年に就職で福岡から東京に上京するも、コロナ禍で給料は減額。家賃や生活費に追われ、1円でも安くなるようにふりかけごはんや、レトルトカレーなどにしてただお腹を満たせればいいと思っていました。そんな生活を送って半年が経った頃、近くに住む友だちが「カレーが余ったんだけど、食べに来る?」とふる舞ってくれました。サラダやみそ汁まで手作りで、手作りのおいしさとあたたかさを思い出し、感動した瞬間は忘れられません。その友だちが、ピーマンの肉詰めやコロッケ、豆苗の肉巻きなど、多くのごはんをふる舞ってくれるたびに、何の知識もない私は、「お米は一気に炊いて冷凍用保存容器に分けて冷凍しておくんだ」「豆苗は水につけてもう一度育てることができるんだ」など、衝撃の連続でした。「自炊をする」ことでこんなにもお腹も心も満たされることを学び、私も友だちを見習って自炊を始めました。

本書は、そんな自炊初心者だった私でも作れる簡単なレシピばかりです。2000円でも食材を使い回すことで毎日ボリュームのあるおいしいごはんが食べられる、その節約術や献立の考え方なども参考になると嬉しいです。

この本を手に取ってくださった方の自炊のモチベーションになり、暮らしによい変化をもたらす本になれたら嬉しく思います。

りんのおうちごはん

目次

12週間分の
節約夕ごはんを全部見せ！

1週目

2週目

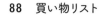

この本の使い方

・材料は1人分を基本としています。

・計量単位は大さじ1＝15ml、小さじ1＝5mlです。

・「ひとつまみ」は小さじ1/6、「少々」は小さじ1/6未満を、「適量」はほどよい量を入れること、「適宜」は好みで必要があれば入れることを示します。

・野菜類は特に記載のない場合、皮をむくなどの下処理を済ませてからの手順を説明しています。

・火加減は特に記載のない場合、中火で調理してください。

・電子レンジは600Wを基本としています。500Wの場合は加熱時間を1.2倍にしてください。機種によって加熱時間に差があることがあるので、様子を見ながら加減してください。

・レシピページで調理道具アイコン   がついているものは、その調理道具だけを使って作れるレシピになっています。

1週間2000円生活を楽しむコツ、教えます！

1週間に2000円でも楽しくのりきれるコツ5選！
節約方法や献立の立て方、りんさんのアドバイスなどをご紹介しています。

コツ1

食材の選び方・使い方でかしこく節約！

肉や野菜を上手に買う方法や、使い方を伝授。1週間2000円でやりくりするために大切な節約のコツを参考にしてください。

安い肉を使い、1パックを分割して考える

右図のように肉は2〜4等分にし、1回分の量を決めると無駄なく使いきる献立が立てられます。1回分をラップで包んで冷凍すれば7日目まで使えます。当日の朝に冷蔵庫に入れるか、電子レンジの解凍モードで解凍します。

豚こま切れ肉は約160gを半分にして2回分。

豚こま切れ肉を多く使う週は、約320gを4回分。

7日の中に肉を使わないメニューを入れる

2000円でやりくりするには肉を使わない日を入れるのがポイント！ アイデアと工夫次第で野菜だけのレシピでも満足感を得られます。特に豆腐や厚揚げは安くてボリュームが出るのでおすすめです。

豚ひき肉は約160gを半分にして2回分。

豚ひき肉を多く使いたいレシピがあるときは、約320gを2回分に分けるときも。

栄養のバランスは、汁物や副菜で考える

2000円でも栄養素を補う汁物や副菜をプラスし、バランスのいい食事を心がけています。みそ汁は具材が自由なので、例えばわかめを入れてミネラルを補うなどの工夫を。副菜は余った食材1つで簡単に作れるものでバランスを取りましょう。

2000円で少し余りが出たときはにんじん、玉ねぎ、きのこ類を買う

おつとめ品などを活用して2000円で少し余りが出たら、副菜や彩りに使えるにんじんや、汁物用に玉ねぎ、きのこ類を買うのがおすすめ。特にきのこ類は安くて食物繊維がとれるので私の汁物の定番具材です。

1週間分の献立の考え方をマスター

食材を買いに行く前に必要なことが「1週間で何を作るか」1週間分の料理を考えて必要なものだけを買えば無駄なく使いきれます。ここでは7週目の献立を例に説明します。

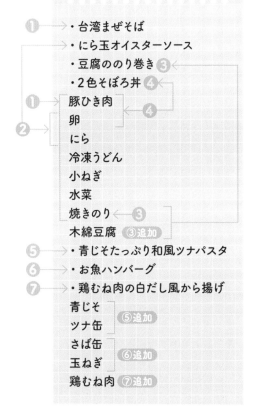

❶まず作りたい1品を決める

・SNSでおいしそうなもの、これ作れそうと思ったレシピをたくさん保存しておき、献立を考えるときに保存リストから探す。
・冷蔵庫にあるものやスーパーのチラシを見て安くなっている野菜をネットや料理アプリで検索して作れる料理を探す。冷凍うどんが余っていたら、例「冷凍うどん　レシピ」などで検索。

❷1品目で使う食材を書き出し、2品目を考える

「台湾まぜそば」を作りたいと決めたら、台湾まぜそばで使う食材を書き出す。❶
↓
次はその材料から作れる料理を考える。このとき、できるだけ食材が少なく作れるものを選ぶことで節約、使い回しに繋がります。
↓
にらは台湾まぜそばで半分使うから、あと半分使えるな…。
「にら　レシピ」などで検索
にらと卵だけでできるもので「にら玉オイスターソース」を選びました。❷

❸使う食材から、3品目、4品目を考える

1品目の「台湾まぜそば」、2品目の「にら玉オイスターソース」で使う食材リストを見ながら、冷凍うどんの残りは来週でもいいな。にらは1、2品目で使うからなくなる。
焼きのり、ひき肉、卵で作れる材料はあるかな。
というように考えて
「焼きのり　レシピ」検索→「豆腐ののり巻き」❸
買い物リストに「木綿豆腐」を追加
1つの食材を追加してできるレシピが見つかれば超節約できる。
↓
「豚ひき肉　卵　レシピ」検索→「2色そぼろ丼」❹

❹5品目は、また①に戻って新たに作りたいものを決める

このようにしていくと、買い物リストから使える食材がなくなってくるのであとは①からの繰り返しです。

ここでも使う食材が少ないものを選ぶと節約になります。
5品目は「青じそたっぷり和風ツナパスタ」にしました。
買い物リストに「青じそ、ツナ缶」を追加❺
↓
青じそと卵が余っているから「お魚ハンバーグ」にしよう。
「さば缶、玉ねぎ」を追加❻
↓
あと1品！　お肉がないから「鶏むね肉の白だし風から揚げ」にしよう。
「鶏むね肉」を追加❼

❺最後に作る順番を決める

7日分の献立が決まったら、賞味期限が短い食材を使うレシピ、バランスも考えて並び替えます。
にらはしおれてくるので早めに使いきることに。
鶏むね肉は冷凍できるのでいつでも使えると考えて7日目にしました。

❻これを見て買い物に行く！

コツ3

買い物は3つの鉄則でのりきる!

1週間2000円でのりきるためには買い物が一番重要です。この3つの鉄則を覚えてぜひ買い物のときに役立ててください。

買い物は週1回まとめて買う

食材の使い回しが一番の節約になると思っています。だから私は週1回まとめ買いをしています。スーパーに行く頻度を減らすことで余計なものを買わずに済んで無駄遣いもなくなります。

また、予め献立を考えて買い物リストを作ってから買い物に行き、パパッとリストのものだけ買うことで、無駄遣い防止と時間の節約にもなります。

おつとめ品を活用する

いかに節約できるかは、どれだけ安く食材を買うことができるかが大事だと思います。そこで私がいつも活用しているのがおつとめ品です。賞味期限が近い食品や傷んでいる野菜などが半額以下で買えることもあり、重宝しています。どうせ自分が食べるだけだし、多少傷んでいても全然問題なし! フードロス削減にも繋がると考えると活用せざるを得ません。

おつとめ品コーナーで、いつもは高くて買えない食材や、あまり使わない食材などを見つけたら、予め考えていた献立を変更することもよくあります。おつとめ品のおかげで、新たな料理に挑戦できることも楽しみの1つです。

近所のスーパーを知る

「どれだけ安く食材を買うことができるか」はスーパーにもかかってきます。私は野菜は安い八百屋で買うようにして1週間2000円生活に役立てています。近くに八百屋がある方はぜひ活用してみてください。

自分が利用するスーパーをよく知るのもとても大事です。この日に何が安くなるのか、チラシを見てその食材から献立を考えて買い物に行く、何時頃割引のシールが貼られるのか、安く買えるスーパーのプライベートブランド商品は何があるかなど、知っておくとお得に買い物ができます。

また、献立や食材の使い回しを考えるときも、大体これは何個入りで、こんな風に売られているということが分かるようになり、使い回しの計算ができるようになります。お気に入りのスーパーをぜひ見つけてみてください。

コツ4

1週間2000円でも満足感を高めるコツ

節約料理でも簡単な工夫で大満足のごはんに！　少しでも気持ちが上がるような工夫があるだけで、楽しく節約ができます。

①みそ汁は必ず作る

　節約料理だと、どうしても栄養が偏ってしまうこともあるので「安い」も重視したいけど、栄養バランスも考えたい。だから私はみそ汁は必ず常備してわかめや野菜、きのこ類をみそ汁でとるようにしています。みそ汁はまとめて作って粗熱が取れたら、鍋ごと冷蔵庫に保存します。

　食べるときは、1杯分をお椀に入れて電子レンジであたためて食べます。できるだけ鍋の出し入れをせず、冷蔵庫に保存することで3日間は持ちます。みそ汁が常備してあると朝、昼ごはんにも食べられるし、夕ごはんも満足感が出るので本当におすすめです。

②副菜で彩りを添え、品数を増やす

　私が作るのは節約料理だけど、見た目も量も質素にならないことを心がけています。そのためには彩りと品数があると、見た目が格段によくなります。だから副菜には彩りでにんじん、トマトをよく使います。りんごやオレンジなどのフルーツも豪華になるのでおすすめです。

　副菜というと何か作らなければいけない感じがしますが、小皿にミニトマトを入れるだけで私は1品としています。とにかく見た目を豪華にするために、小皿があればよいという感覚です。彩りや品数でテンションを上げて満足度を高めています。

③お皿を変えて豪華に

　見た目を豪華にするにはお皿選びも大事です。料理を始めた頃は、お皿も1つしか持っておらず、毎回同じお皿を使っていたのですが、徐々にお皿を選ぶ楽しさを覚えていきました。

　料理が映えるようなお皿を選んだり、小皿とのバランスで選んだり、お皿によって見映えが変わる楽しさがあり、料理をするモチベーションにもなります。まずはお気に入りのお皿から見つけてみるのもおすすめです。

りんさん、教えて！
1週間2000円生活
Q&A

節約するためにこんなときどうしたらよいか…。さまざまな悩みが出てきますよね。そんな悩みをりんさんが解決！

Q1 量を作りすぎてしまいます…。

A 量はむしろ作りすぎていいんです。作りすぎた分は次の日の朝、昼ごはんに回せば節約になります。よく「作りすぎても次の日に回せず、その日のうちに全部食べちゃいます」という声もいただくのですが、私もついつい食べてしまうときもあります。そんなときは、盛りつける段階で次の日用にすぐに分けて冷蔵庫に入れてしまうことで、食べすぎを防止しています。

あとは意思のかたさです！次の日に食べるものがあるとやっぱり本当にラクだし、節約になるので明日ラクするために、明日の自分のためにやめておこうと意思を強く持ち、食欲と闘っています笑。

Q2 食材を使いきれません…。

A 私も最初は使いきれないことがよくありましたが、献立をしっかり考えて1週間で使いきるように計算しています。ぜひこの本を参考に買い物をしてみてください。

ポイントは、食材を買うときにどのくらい余るのかを考えることです。その余りを利用して作れるものがあるかを考えます。もしそんなに頻繁に料理をしないのであれば、冷凍できる食材や、長持ちする食材（肉、きのこ、玉ねぎ、にんじん）を買うとか、買うときに必要なものではなく、そのあと余るものを考えて使い回しができないようであれば、買わないようにします。

1週間後に冷蔵庫がきれいに空っぽになるのは、とても気持ちがよくておすすめです。

Q3 仕事終わりは疲れてやる気が出ません…。

A 分かります。疲れて帰って何を作るか決まってないと余計に面倒で買って済ませてしまうので、献立を決めておくのはおすすめです。私は帰り道に、家に着いてからのシミュレーションをよくします笑。帰ったら手を洗ってまず玉ねぎを切ってみそ汁を作り、そのあとにらを切って…など、いかに効率よく作れるかをイメージしながら帰ります。

作るものが決まっていると、すぐに準備を始められて時短にもなるし、これまた勢いで始められるのでおすすめです。ごはんを作ってお風呂に入り、やることを全部終わらせたあとのゆっくり座ってテレビを見る時間が幸せです。

Q4 洗い物が面倒くさいんです…。

これは本当に分かります。洗い物に取りかかるまで時間が空くと面倒になるので、私は「作る、食べる、洗う」を分けないで考えるようにしています。食べ終わった瞬間に立ち上がって流しに食器を置いた勢いで洗い物を始めます。習慣化してしまうと、洗い物が終わってから「料理が終わったー！」と、達成感もあるのでとても気持ちがいいです。

また、食べたあとすぐ立って洗い物するので、食べ物も消化されている感じがして、お腹いっぱいで苦しい、動けない、という気持ち悪さもなくなって好きです笑。

あとは、音楽やラジオを聴きながらテンションを上げてノリノリで洗うのも好きです笑。洗い物はぜひ勢いでやってみてください！

Q5 野菜の保存の仕方が分かりません…。

きのこ類はほぐして冷凍用保存袋や保存容器に入れ、冷凍しておけば3週間ほど日持ちします。栄養価も高まり、一石二鳥です！

しょうがや青じそは、小さい保存容器に水を入れてつけておくと約2週間日持ちします（水はできたら3日に1回替える）。また、新聞紙や濡らしたペーパータオルで包むなどの保存方法があるみたいですが、私は面倒なので基本冷蔵庫にそのまま入れていて実際はあまり気にしていないことが多いです笑。

日持ちしない葉物野菜からどんどん使いきっていくスタイルで使う順番を重視しています。多少傷んでも1人だし、何でも食べちゃいます笑。

Q6 スーパーで余計なものを買ってしまいます。無駄遣いと甘いものが止められません…。

私もお菓子の誘惑に負けるときがたまにあるので、お菓子売り場には立ち寄らないようにしています。買い物リストを作っていくと、必要なものだけを買ってレジに向かえるので無駄遣い防止になります。

また、予算を決めて買い物するのもおすすめです。私は2000円と決めてまとめ買いをするので、1回でなくなってしまうお菓子を買うより、6個入りの卵を買った方が6日間使えるしお得だな！など、いかに2000円で1週間過ごせるかを考えてしまいます笑。甘いものは食べたくなりますが、太るし、肌荒れするし体に悪いし…など、一瞬の幸せよりもそのあとの後悔を考えて買うことをやめたりします笑。

毎日ストイックに節約するというより、普段は我慢して何かがんばったあとのご褒美にたまに買うくらいが、心のバランスも取れていいですよね。

Q7 朝ごはんと昼ごはんはどうしてますか?

A 1週間2000円で朝、昼ごはんも済ませるためのポイントは、夕ごはんの余りを次の日の朝、昼ごはんに回すことです。そのために、夕ごはんは多めに2人分ぐらい作ります。残りは朝ごはんとして食べるか、お弁当箱に詰めて職場に持って行くことで節約できます。

夕ごはんの余りが出ないときは、私はよくヨーグルトやバナナ、卵かけごはん、納豆ごはんなどで済ませています。特にお昼は食べすぎると眠くなるので、簡単に済ませることで節約にもなっています。だから、ごはんのおともになる卵、納豆、キムチ、ふりかけなどを常備しておくのがおすすめです。

卵かけごはん

朝からたんぱく質をとると、一日中お腹が空かないらしい！　余計な間食が減るから、卵かけごはんが一番おすすめ！

ふりかけ、鮭フレーク

ふりかけ、鮭フレークは飽きないので重宝しています！　おにぎりにして職場に持って行くことも多いです。

バナナ、ヨーグルト

バナナ、ヨーグルトは腸内環境を整えて健康的に！　買い物リストに追加して買うことも。

Q8 外食はどうしてる?

A 私も基本は1週間2000円の自炊生活を軸に、友だちとランチをしたり、飲みに出かけたりと外食もします。1人のときに節約して外食をしない分、友だちと外食するときはお金を気にせず思いっきり楽しむと決めているので、外食費は交際費と捉え、食費とは別で考えています。

とはいえ、交際費がかかりすぎても貯金ができないので、家計簿をつけています。細かく予算は決めていませんが、毎月の収入を支出が上回らないことを徹底しています。交際費が嵩んだ月は、欲しい物を我慢したり、ほかの支出を削ってバランスを取ります。

友だちとのごはんを楽しみたいからこそ、1人のときは自炊を徹底する。そのバランスが楽しく節約できるコツだと思います。

Q9 調味料、お米はどうしてる?

A 調味料はなくなったらその都度買っています。大容量の方が安いことが多いけど、1人暮らしで使いきるのはとても時間がかかって期限切れになってしまうので、ここは割高でも小さいサイズを買うようにしています。お米もなくなったら都度、特売の5kgのお米をスーパーで買います。自転車のカゴに入れて1人で持って帰るのにひと苦労です笑。

こんな調味料を常備しておくとバリエーションが広がる！

米は特売の5kgを買ってます！

調味料は小さめタイプがおすすめ！

Q10 お皿はどこで買ってますか？

Ⓐ お皿のほとんどは100均、ニトリ、NATURAL KITCHEN &で揃えています。

100均は、最近は100円に見えないようなかわいいお皿がたくさんあるので、食器コーナーを見るのが楽しいです。

ニトリは、店舗がたくさんあるので身近で買いやすく、気軽にお皿を探しに行けるので愛用しています。実用性を考えて作られているものが多いのもいいですよね。

NATURAL KITCHEN &は、デザインがおしゃれで、かわいい上に手頃な価格で購入できるのでとてもお気に入りです。中でも小鉢は、同じ副菜でも日によって使い分けることで、トレーの上が華やかになり、気分も高まるのでついつい集めてしまいます。

お気に入りのお皿をGETすると料理欲が高まりますね。

自炊欲を高めるお皿、小道具たち

いびつな形がおしゃれでお気に入り／NATURAL KITCHEN &

色物のお皿は華やかでかわいい／NATURAL KITCHEN &

黒のお皿は料理がおいしそうに見えてお気に入り／ニトリ

オーバル型は万能で使いやすい／NATURAL KITCHEN &

焼き魚をのせるのがお気に入り／100均

かわいい小鉢たち！ まだまだ集めたい！

NATURAL KITCHEN &

NATURAL KITCHEN &

100均

100均

100均

ある日の実際の献立例

豆腐ハンバーグ（P40参照）

トマトは彩りがよくなるので、おつとめ品で見つけると必ず買います。

← もやしナムル

作り方
もやし（1袋）を電子レンジで3分加熱して水けを絞る。しょうゆ・ごま油（各小さじ2）、鶏がらスープの素（小さじ1）、おろしにんにく（少々）を入れて混ぜ合わせる。

冷奴は、豆腐に塩昆布とごま油をかけて小鉢で華やかさを演出

ちくわの和風オムレツの しめじあんかけ（P23参照）

← にんじんナムル

作り方
にんじん（1本）は細切りにし、電子レンジで3分加熱して水けを絞る。しょうゆ・ごま油（各小さじ2）、鶏がらスープの素（小さじ1）、おろしにんにく（少々）を入れて混ぜ合わせる。

自炊以外でお金を
貯めるためにやっていること

生活する上でほかにもさまざまなことにお金がかかってきますよね。
お金を貯めるために、自炊だけではなくほかにも行っている節約術をご紹介します。

 ## 家計簿をつける

　私はスマートフォンの家計簿アプリで家計簿をつけています。1円単位で何に使った
か気にするのではなく、重要視しているのは、毎月の収入を支出が上回らないことです。
　最初は、毎月3万円貯金すると貯金額を決めていましたが、月によって急な出費が
あったり貯金できない月があると、全然ダメだとストレスになってしまいました。だか
ら貯金額は決めず、月によって貯金できる額はバラバラでも絶対にプラスになるように
気をつけています。　月の前半に使いすぎたら後半で出費を抑えたりと調整しながら、
毎月貯金額が増えていくのを見ると嬉しい気持ちになります。
　支出を把握することは、節約のモチベーションにもなるので家計簿はこれからも続
けていきます。

 ## 固定費を削減する

　家計簿をつけていて改めて固定費の存在の大きさに気づきました。使っていないサブ
スクリプションや多額の携帯代など無駄な固定費を見直し、自由に使えるお金を増や
してスッキリしました。
　中でも、Wi-Fi料金の削減は画期的でした。1人暮らしを始めるときにWi-Fi料金
が高くて迷っていると、友だちが「Wi-Fiがなくてもテザリングで何とかなるから、ま
ずはWi-Fiなしで過ごしてみて本当に必要だと思ったら契約してみれば?」と提案してく
れたのは驚きでした。
　それから携帯はデータ無制限を契約してパソコンを使うときは、携帯からテザリン
グをしてWi-Fiを使っています。1人暮らしを始めて3年間、Wi-Fiがなくても不自由な
く過ごせています。

 ## 投資する

　いろんなお金の本を読んでいると、どの本も若いうちから投資を始めた方がい
いと書いてありました。それから投資や株の勉強もしましたが、私には少し難しく
てリスクを取るのも怖いので、難易度の低い積立NISAを始めました。確かに銀行
に預けるよりも、利回りがよくて始めてよかったと感じています。
　それよりも、やはりお金の知識を身につけることは、本当に大事だと実感しまし
た。これからも学び続けていきたいです。

12週間分の
節約夕ごはんを
全部見せ！

1週間分の購入した食材やレシピをご紹介！
買い物のコツや、各レシピのポイントなどものせているのでぜひ参考にしてください。

\ 行ってみよー！ /

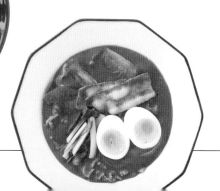

1週目

\ 行ってみよー！ /

買い物リスト

豚こま切れ肉 … 約160g	¥250
豚ひき肉 … 約160g	¥250
鶏むね肉 … 1枚	¥220
ちくわ … 1パック（4本入り）	¥116
小松菜 … 1袋	¥85
玉ねぎ … 2個	¥84×2
トマト … 1個	¥106
長ねぎ … 1本	¥106
にんじん … 1本	¥62
もやし … 1袋	¥42
しめじ … 1袋	¥106
卵 … 6個	¥214
キムチ … 200g	¥203

¥1,928 (税込)

今回使う常備食材

- ・米 ・乾燥わかめ
- ・おろししょうが
- ・おろしにんにく
- ・白すりごま
- ・パセリ ・青のり
- ・削り節
- ・コチュジャン
- ・トマトケチャップ
- ・ウスターソース
- ・お好み焼きソース
- ・焼き肉のタレ
- ・砂糖 ・塩
- ・カレー粉 ・酢
- ・しょうゆ ・めんつゆ
- ・酒 ・ポン酢しょうゆ
- ・白だし
- ・顆粒鶏がらスープの素
- ・顆粒だしの素
- ・だし汁
- ・小麦粉 ・片栗粉
- ・こしょう
- ・粗びき黒こしょう
- ・マヨネーズ
- ・オリーブ油
- ・サラダ油
- ・ごま油

まずは チキン南蛮 を作りたい！

今週はずっと食べたかったチキン南蛮から
スタート！ 豚肉やひき肉を使い回して韓
国風のおかずやカレーを作ってみましょう。
ちくわと長ねぎがあればふわふわのお好み
焼きも作れるのでぜひチャレンジして！

1日目 チキン南蛮

 ×1枚 　 ×½個 　 ×1個

2日目 豚キムチ

豚こま切れ肉残り80gはラップをして冷凍庫へ

 ×80g 　 ×100g 　 ×½袋

3日目 ビビンバ

豚ひき肉残り80gはラップをして冷凍庫へ

×½袋 　×½本 　×½袋 　×1個 　×80g

4日目 ちくわの和風オムレツのしめじあんかけ

 ×2個 　 ×2本 　 ×½袋 　 ×½袋

5日目 トマト風味のキーマカレー

×1個 　×½個 　×½本 　×80g 　×1個

6日目 ちくわとねぎのお好み焼き

 ×2本 　 ×1本 　 ×1個

7日目 豚肉の甘酢炒め

 ×80g 　 ×1個 　 ×½袋

冷蔵庫残り

キムチ×100g

ちくわは節約の味方です！
安くてお腹もふくれる
ちくわレシピは必見！

19

チキン南蛮 を作ろう！

やわらかいお肉に
タルタルが絡んで
たまらない！

材料（1人分）

鶏むね肉…1枚
Ⓐ[酒・片栗粉…各大さじ1
玉ねぎ…½個
卵…1個
Ⓑ[マヨネーズ…大さじ2
  粗びき黒こしょう…少々
Ⓒ[砂糖・酢・しょうゆ…各大さじ1
サラダ油…大さじ2
パセリ…適量
グリーンカール…適宜

鶏むね肉
×1枚

玉ねぎ
×½個

卵
×1個

汁物　玉ねぎとわかめの定番みそ汁 ➡P27

作り方

① 鶏肉はそぎ切りにし、Ⓐをまぶす。
玉ねぎはみじん切りにする。

② 耐熱容器に卵を割り入れ、フォークでひと混ぜする。
ふんわりとラップをして電子レンジで1分加熱する。
熱いうちにフォークで混ぜて細かくし、
玉ねぎ、Ⓑを加えて混ぜ合わせる。

③ フライパンにサラダ油を熱し、鶏肉の皮目を
下にして入れ、焼き色がついたら裏返す。
4～5分焼いて火を止め、Ⓒを加えて絡める。

④ 器に③を盛り、②をかけてパセリをふる。
好みでグリーンカールを添える。

Point

ゆで卵で作るより時短で簡単。レンチン
後、かたまらないうちにフォークで混ぜます。

20

２日目 豚キムチ を作ろう!

ほどよいキムチの
酸味とコクで
ごはんが進む!

材料（1人分）

豚こま切れ肉 … 80g
キムチ … 100g
もやし … ½袋

Ⓐ ┌ 焼き肉のタレ … 大さじ1
  │ しょうゆ・顆粒鶏がらスープの素
  └   … 各小さじ1
ごま油 … 大さじ1

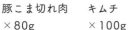

豚こま切れ肉　　キムチ　　もやし
×80g　　　　　×100g　　×½袋

作り方

① フライパンにごま油を熱し、
　豚肉、キムチを入れて豚肉の色が変わるまで炒める。

② 強火にし、もやしを加えてさっと炒め、
　Ⓐを加えてひと混ぜする。

Point

キムチから水分が出ないよう
に、強火でさっと炒めましょう。

21

3日目 ビビンバ を作ろう！

野菜たっぷり！
全体を混ぜて
召し上がれ！

材料（1人分）

ごはん … 丼1杯分
小松菜 … ½袋
にんじん … ½本
もやし … ½袋
Ⓐ ［ごま油 … 小さじ½
　おろしにんにく・塩 … 各少々］
卵 … 1個
豚ひき肉 … 80g
Ⓑ ［焼き肉のタレ … 大さじ1
　砂糖・コチュジャン … 各小さじ1］
ごま油 … 大さじ1
白すりごま … 少々

小松菜×½袋　　にんじん×½本　　もやし×½袋

卵×1個　　豚ひき肉×80g

作り方

① 小松菜はざく切りにし、
にんじんはせん切りにする。

② 耐熱容器に①、もやしを入れ、
ふんわりとラップをして電子レンジで5分加熱する。
水けを軽くきり、Ⓐを加えて混ぜる。

③ フライパンにごま油大さじ½を熱し、
卵を割り入れて半熟の目玉焼きを作り、取り出す。

④ 同じフライパンに残りのごま油を熱し、
ひき肉を入れてほぐしながら炒める。
色が変わったらⒷを加えてさっと炒める。

⑤ 器にごはんを盛り、②、④、③を順にのせて
白すりごまをふる。

Point

野菜はレンチン後、水っぽくなってしまう
ので、水けをきってから調味料を加えます。

材料（1人分）

卵 … 2個
ちくわ … 2本
小松菜 … ½袋
しめじ … ½袋
Ⓐ 〔 水 … 50mℓ
　　白だし … 大さじ1 〕
Ⓑ 〔 水 … 50mℓ
　　めんつゆ（3倍濃縮）… 大さじ2
　　片栗粉 … 小さじ2
　　おろししょうが … 少々 〕
サラダ油 … 大さじ1と½

卵
×2個

ちくわ
×2本

小松菜
×½袋

しめじ
×½袋

作り方

① ちくわは輪切りにし、小松菜は細かく刻む。しめじはほぐす。

② ボウルに卵を割り入れて溶きほぐし、Ⓐを加えて混ぜる。

③ フライパンにサラダ油大さじ½を熱し、ちくわ、小松菜を入れて小松菜がしんなりするまで炒め、取り出す。

④ 同じフライパンに残りのサラダ油を熱し、②を流し入れる。大きくかき混ぜ、半熟になったら③をのせる。半分に折りたたみ、器に盛る。

⑤ ④のフライパンにⒷ、しめじを入れて混ぜながら煮立てる。とろみがついたら④にかける。

Point

具材がたっぷりなので、卵に具材をのせたら包まずに半分に折りたたみます。

副菜 トマトのポン酢マリネ➡P27

あんが卵にとろりと絡んでおいしい！

4日目 ちくわの和風オムレツのしめじあんかけ を作ろう！

5日目 トマト風味のキーマカレー

を作ろう！

酸味と辛味の
ハーモニー！
黄身を割ってどうぞ！

汁物 しめじとトマトのかき卵スープ➡P27

材料（1人分）

ごはん … 茶碗1杯分
トマト … 1個
玉ねぎ … ½個
にんじん … ½本
豚ひき肉 … 80g

Ⓐ
- 水 … 100mℓ
- 小麦粉・オリーブ油 … 各大さじ1

Ⓑ
- トマトケチャップ・ウスターソース … 各大さじ1
- カレー粉 … 大さじ½
- おろししょうが … 小さじ1

卵 … 1個
サラダ油 … 適量
パセリ … 適量
グリーンカール … 適宜

トマト　玉ねぎ　にんじん　豚ひき肉　卵×1個
×1個　×½個　×½本　×80g

作り方

① トマトは1cm角に切る。
玉ねぎ、にんじんはみじん切りにする。

② ボウルにひき肉、玉ねぎ、Ⓐを入れてよく混ぜる。
ラップをせずに電子レンジで3分加熱し、よく混ぜる。

③ ②にトマト、にんじん、Ⓑを加えてよく混ぜる。
ふんわりとラップをして電子レンジで3分加熱し、
よく混ぜてさらに3分加熱する。

④ フライパンにサラダ油を熱し、
卵を割り入れて半熟の目玉焼きを作る。

⑤ 器にごはんを盛り、③をかける。④をのせて
パセリをふり、好みでグリーンカールを添える。

Point

レンチン後、均一に火が通るよう
にその都度かき混ぜましょう。

6日目

ちくわとねぎの お好み焼き を作ろう！

ちくわとねぎの
異なる食感を
楽しんで！

材料（1人分）

ちくわ … 2本
長ねぎ … 1本
卵 … 1個
Ⓐ [小麦粉 … 100g
　 顆粒だしの素 … 小さじ2]
サラダ油 … 大さじ1
お好み焼きソース・マヨネーズ・
　青のり・削り節 … 各適量

ちくわ×2本

長ねぎ×1本

卵×1個

作り方

① ちくわと長ねぎは斜め薄切りにする。

② ボウルに卵を割り入れ、Ⓐを加えてよく混ぜ、①を加えて混ぜ合わせる。

③ フライパンにサラダ油を熱し、②を流し入れて丸く成形する。焼き色がついたら裏返し、3〜4分焼く。

④ 器に盛り、お好み焼きソースを塗ってマヨネーズをかけ、青のり、削り節をかける。

Point

小麦粉を加えたら混ぜすぎないようにし、表面がカリッとなるまで焼きます。

7日目 豚肉の甘酢炒め を作ろう！

甘酸っぱいタレが
食欲をそそる！

材料（1人分）

豚こま切れ肉 … 80g

Ⓐ
- 酒・片栗粉 … 各大さじ1
- しょうゆ … 小さじ1

玉ねぎ … 1個

しめじ … ½袋

Ⓑ
- 酢・しょうゆ … 各大さじ1と½
- 砂糖 … 大さじ1
- おろししょうが・
  おろしにんにく … 各小さじ⅓

サラダ油 … 大さじ1

作り方

① 豚肉にⒶを揉み込む。

② 玉ねぎは薄切りにし、しめじはほぐす。

③ フライパンにサラダ油を熱し、
玉ねぎ、①、しめじの順に入れて3分ほど炒める。
Ⓑを加えて強火にし、煮立たせる。

豚こま切れ肉×80g

玉ねぎ×1個

しめじ×½袋

Point

豚肉に下味をつけて揉み込むことで
豚肉がやわらかくなります。

玉ねぎとわかめの定番みそ汁

材料と作り方（2人分）

① 鍋にだし汁（400㎖）を入れてに火にかけ、沸騰したら玉ねぎ（¼個→薄切り）、乾燥わかめ（2g）を加えて2分ほど煮る。

② みそ（大さじ2）を溶き入れてひと煮立ちさせる。

しめじとトマトのかき玉スープ

材料と作り方（2人分）

① 鍋に水（300㎖）を入れて火にかけ、沸騰したらしめじ（¼袋→ほぐす）、トマト（½個→角切り）、顆粒鶏がらスープの素（小さじ2）を加えて3分ほど煮る。

② 水溶き片栗粉（水大さじ2＋片栗粉大さじ1）を加え、とろみがついたら溶き卵（1個分）を流し入れる。塩・こしょう（各適量）で味を調える。

小松菜のナムル風

材料と作り方（2人分）

① 小松菜（½袋→ざく切り）はラップに包んで電子レンジで2〜3分加熱する。粗熱を取り、よく水けを絞る。

② ボウルに①、ごま油（小さじ1）、塩（適量）を入れて混ぜ合わせる。器に盛り、白すりごま（適量）をふる。

トマトのポン酢マリネ

材料と作り方（2人分）

① 器にトマト（1個→くし形切りにして半分の長さに切る）を盛り、小ねぎ（適量）、削り節（適量）をのせてポン酢しょうゆ（適量）をかける。

2週目

\ 行ってみよー！/

買い物リスト

豚こま切れ肉 … 約160g	¥250
豚ひき肉 … 約320g	¥376
かに風味かまぼこ … 1パック	¥85
さば缶（水煮）… 1缶	¥117
キャベツ … ½個	¥106
小ねぎ … 1パック	¥106
トマト … 1個	¥106
長ねぎ … 1本	¥106
もやし … 1袋	¥42
卵 … 6個	¥214
油揚げ … 2枚	¥117
木綿豆腐 … 1丁	¥40
焼売の皮 … 1袋（20枚）	¥106

¥1,771 （税込）

今回使う常備食材

- ・米
- ・おろししょうが
- ・おろしにんにく
- ・練りがらし
- ・白すりごま
- ・パセリ
- ・オイスターソース
- ・コチュジャン
- ・豆板醤
- ・砂糖
- ・塩
- ・酢

- ・しょうゆ
- ・めんつゆ　・酒
- ・ポン酢しょうゆ
- ・みそ
- ・白だし
- ・顆粒鶏がらスープの素
- ・だし汁
- ・片栗粉
- ・こしょう
- ・粗びき黒こしょう
- ・ラー油
- ・オリーブ油
- ・ごま油

まずは さかさ焼売 を作りたい！

今週は包まずにできる簡単焼売から作っていこう！ 先週余ったキムチをしっかり使いきる日も入れてガッツリレシピの日もあれば、さらっと食べられる日など1週間の中でも料理のバリエーションをつけてみましょう。

1日目 さかさ焼売

 豚ひき肉残り160gは80gずつラップをして冷凍庫へ

 ×10枚　 ×½袋　 ×160g　 ×2枚

2日目 豚こま肉豆腐

 ×80g　 ×1丁　 ×適量　小ねぎパックの残りは冷凍用保存袋に入れて冷凍庫へ

 豚こま切れ肉残り80gはラップをして冷凍庫へ

3日目 油揚げの三角餃子

 ×2枚　 ×2枚　 ×160g

4日目 さばとキムチのチゲ風スープ

 ×1缶　 ×100g　 ×½袋

1週目の残り

5日目 豚こま肉のねぎ塩炒め

 ×80g　 ×½本

6日目 卵とトマトの中華炒め

 ×2個　 ×1個　 ×½本

7日目 かにかま天津飯

 ×2個　 ×4本

材料2〜3個だけでできる
簡単レシピばかり！
初心者さんに
おすすめの週です！

冷蔵庫残り

 卵×2個　 キャベツ×⅓個

1日目 さかさ焼売 を作ろう!

余った焼売の皮は
スープ（P37）で
消費しよう!

材料（1人分）

焼売の皮 … 10枚
もやし … ½袋
豚ひき肉 … 160g

A ［ 酒・片栗粉 … 各大さじ1
しょうゆ・ごま油 … 各小さじ1
おろししょうが・こしょう … 各少々 ］

キャベツ … 2枚
練りがらし … 適量

焼売の皮
×10枚

もやし
×½袋

豚ひき肉
×160g

キャベツ
×2枚

汁物 焼き油揚げのみそ汁→P37

作り方

① もやしはみじん切りにしてボウルに入れ、
ひき肉、**A**を加えてよく混ぜる。

② 耐熱皿にちぎったキャベツをしき、
①を10等分にして丸めて並べる。
上から焼売の皮をかぶせて丸く整える。

③ 焼売の皮の上に水適量（分量外）をスプーンでかけ、
ふんわりとラップをして電子レンジで5分加熱する。
焼売の上に練りがらしをのせる。

Point

焼売の皮は包まずに上からかぶせ
るだけで簡単に作れます。

2日目 豚こま肉豆腐 を作ろう！

> 豚肉と豆腐に
> 煮汁がしみ込んで
> 絶品！

材料（1人分）

豚こま切れ肉 … 80g
木綿豆腐 … 1丁
Ⓐ 酒・片栗粉 … 各大さじ1
　しょうゆ … 小さじ1
Ⓑ 砂糖・めんつゆ（3倍濃縮）・白だし
　… 各大さじ1
　おろししょうが … 小さじ1
小ねぎ … 適量

豚こま切れ肉
×80g

木綿豆腐
×1丁

小ねぎ
×適量

作り方

① 豚肉にⒶを揉み込む。Ⓑは混ぜ合わせる。

② 豆腐はスプーンで大きめにすくって耐熱皿に入れ、電子レンジで3分加熱して水けをきる。

③ ②に①をのせてⒷをかけ、ふんわりとラップをして電子レンジで4〜5分加熱する。器に盛り、小ねぎを散らす。

Point

豆腐はスプーンですくうことで、短時間で味がしみ込みやすくなります。

31

油揚げの
サクッと感が
クセになる！

油揚げの三角餃子 を作ろう！

材料（1人分）

油揚げ … 2枚
キャベツ … 2枚
豚ひき肉 … 160g
Ⓐ
├ 片栗粉 … 大さじ1
├ しょうゆ・ごま油 … 各小さじ1
└ おろしにんにく・こしょう … 各少々
水 … 50㎖
ポン酢しょうゆ・ラー油 … 各適量

| 油揚げ
×2枚 | キャベツ
×2枚 | 豚ひき肉
×160g |

作り方

① キャベツはラップに包んで電子レンジで2分加熱し、みじん切りにして水けを絞る。

② ボウルにひき肉、①、Ⓐを入れてスプーンでよく混ぜて4等分にする。

③ 油揚げは横半分に切り、袋状に広げて②を詰める。これを4個作る。フライパンに並べて火にかけ、こんがりと焼き色がついたら裏返して水を加える。蓋をして4〜5分蒸し焼きにする。

④ 三角形に切って器に盛る。ポン酢しょうゆ、ラー油を混ぜ合わせて添える。

Point

キャベツは味がぼやけないように水けを
しっかり絞りましょう。

4日目 さばとキムチの チゲ風スープ を作ろう!

さばのうま味が
しみ出た
スープが美味!

材料（1人分）

さば缶（水煮）… 1缶
キムチ … 100g
水 … 300㎖
Ⓐ [コチュジャン・みそ … 各大さじ1
　　顆粒鶏がらスープの素 … 小さじ2
もやし … ½袋

さば缶（水煮）
×1缶

キムチ
×100g

もやし
×½袋

作り方

① 鍋に水を入れて火にかけ、
沸騰したらさば（缶汁ごと）、キムチ、
Ⓐを加えて3～4分煮る。

② もやしを加えて強火にし、さっと煮る。

Point

もやしは煮込みすぎずにさっと煮ることで、
ボリューム感を残したまま仕上がります。

5日目 豚こま肉のねぎ塩炒め
を作ろう！

> ねぎはさっと炒めて
> シャキッと感を
> 残して！

材料（1人分）

豚こま切れ肉 … 80g
塩 … 少々
長ねぎ … ½本
ごま油 … 大さじ1

豚こま切れ肉　　　長ねぎ
×80g　　　　　　×½本

作り方

① 豚肉に塩を揉み込む。
　長ねぎは3cm幅の斜め切りにする。

② フライパンにごま油を熱し、
　豚肉を入れて色が変わるまで炒める。
　長ねぎを加えて強火にし、さっと炒める。

Point

長ねぎを加えたら強火でさっと炒めて長
ねぎの食感が残るようにしましょう。

ピリッと辛みのある
トマトとマイルドな
卵を一緒に！

6日目 卵とトマトの中華炒め
を作ろう！

材料（1人分）

卵 … 2個
塩・こしょう … 各少々
トマト … 1個
長ねぎ … ½本

A ┌ 水 … 大さじ2
　　├ 豆板醤・オイスターソース … 各小さじ1
　　└ おろししょうが・おろしにんにく … 各少々
ごま油 … 大さじ2

卵×2個　　トマト×1個　　長ねぎ×½本

汁物　焼売の皮のスープ→P37

作り方

① 卵は溶きほぐし、塩、こしょうを加えて混ぜ合わせる。
トマトはくし形切りにし、長ねぎはみじん切りにする。

② フライパンにごま油大さじ1を熱し、
溶き卵を入れて半熟の炒り卵を作り、器に盛る。

③ 同じフライパンに残りのごま油を熱し、
トマト、長ねぎを入れて強火で炒める。
トマトが煮崩れてきたら **A** を加え、
調味料がなじむように、2〜3分炒めて、②にかける。

Point

トマトの食感が残るように
強火で炒めます。

7日目 かにかま天津飯 を作ろう！

材料（1人分）

ごはん … 丼1杯分
卵 … 2個
塩・こしょう … 各少々

Ⓐ
- 水 … 180ml
- 酢 … 大さじ2
- 砂糖・しょうゆ … 各大さじ1
- 顆粒鶏がらスープの素 … 各小さじ1
- こしょう … 少々

水溶き片栗粉 … 水大さじ2＋片栗粉大さじ1
かに風味かまぼこ … 4本
ごま油 … 大さじ1
粗びき黒こしょう … 適量

卵×2個　　かに風味
　　　　かまぼこ×4本

作り方

① 卵は溶きほぐし、
塩、こしょうを加えて混ぜ合わせる。

② 鍋にⒶを入れて火にかけ、沸騰したら
水溶き片栗粉を加えてとろみをつける。

③ フライパンにごま油を熱し、①を入れる。
強火で大きく混ぜながら
半熟になるまで火を通す。

④ 器にごはんを盛り、③をのせる。
かに風味かまぼこを大きめに裂いてのせ、
②をかけて粗びき黒こしょうをふる。

Point

卵は半熟になったら、かたまらない
ようにすぐにごはんにのせましょう。

余ったかにかまは
サラダなどにのせて
消費しよう！

焼き油揚げのみそ汁

材料と作り方（2人分）

① 油揚げ（½枚）はオーブントースターで焼き色をつけ、短冊切りにする。

② 鍋にだし汁（400mℓ）を入れて火にかける。沸騰したらみそ（大さじ2）を溶き入れ、ひと煮立ちさせる。器に注ぎ、油揚げ、小ねぎ（適量→小口切り）を散らす。

焼売の皮のスープ

材料と作り方（2人分）

① 鍋に水（300mℓ）を入れて火にかけ、沸騰したら焼売の皮（6枚→細切り）、キャベツ（1枚→ざく切り）を加え、2〜3分煮る。

② 顆粒鶏がらスープの素（小さじ2）を入れ、塩・粗びき黒こしょう（各適量）で味を調える。

豆腐の トマトドレッシング

材料と作り方（2人分）

① ボウルにトマト（½個→角切り）、酢（大さじ1）、オリーブ油（小さじ1）、塩・こしょう（各適量）を入れて混ぜ合わせる。

② 器に木綿豆腐（⅓丁→1.5cm幅に切る）を盛りつけ、①をかけてパセリ（適量）をふる。

ちぎりキャベツの ごまみそだれ

材料と作り方（2人分）

① キャベツ（2枚→ちぎる）はラップに包み、電子レンジで2〜3分加熱する。冷めたら水けを絞って器に盛る。

② みそ（大さじ1）、白すりごま（小さじ2）、砂糖（小さじ1）を混ぜ合わせ、①にかける。

3週目

\ 行ってみよー！ /

買い物リスト

豚こま切れ肉…約320g	¥420
豚ひき肉…約240g	¥305
鶏むね肉…1枚	¥220
大根…1本	¥106
玉ねぎ…1個	¥84
トマト…1個	¥106
にら…1束	¥106
もやし…1袋	¥42
木綿豆腐…1丁	¥40
焼きそばめん…1パック（3玉入り）	
	¥203

¥1,632 (税込)

今回使う常備食材

・米
・おろししょうが
・おろしにんにく
・パセリ
・青のり
・もみのり
・削り節
・トマトケチャップ
・オイスターソース
・中濃ソース
・ウスターソース
・砂糖　・塩

・酢
・しょうゆ　・みそ
・ポン酢しょうゆ
・顆粒コンソメ
・だし汁
・パン粉　・小麦粉
・片栗粉
・カレー粉
・こしょう
・マヨネーズ
・ラー油
・オリーブ油
・サラダ油
・ごま油

まずは 豆腐ハンバーグ を作りたい！

今週は夕ごはんの定番のハンバーグから作ります！ 焼きそばやハヤシライスなどはワンプレートで完結するので一品でも大満足。大根は1本丸々買って次週まで計画的に使っていきましょう！

1日目 豆腐ハンバーグ

 ×80g ×½個 ×2cm  ×½丁 ×適量

豚ひき肉残り160gは80gずつラップをして冷凍庫へ

2日目 豚にら豆腐オイスター焼きそば

豚こま切れ肉残り240gは80g
ずつラップをして冷凍庫へ

 ×1玉 ×½束 ×½丁 ×80g

3日目 大根餃子

 ×⅓本 ×½束 ×½袋 ×80g

4日目 オムそば

 ×1玉 ×2個 ×⅓個 ×80g ×½袋

2週目の残り

5日目 ポークハヤシライス

 ×80g ×1個 ×½個

6日目 大根もち

 ×⅓本 ×80g ×適量

焼きそばめんは冷凍して
日持ちさせられる便利な
使い回しアイテム！
アレンジレシピは必見！

7日目 タンドリーチキン

 ×1枚

冷蔵庫残り

焼きそばめん×1玉　　大根×約⅓本　　豚こま切れ肉×80g

豆腐ハンバーグ を作ろう!

豆腐が入って
ふわふわな
和風ハンバーグ!

材料(1人分)

豚ひき肉 … 80g
玉ねぎ … ½個
大根 … 2cm分
木綿豆腐 … ½丁
片栗粉 … 大さじ1

Ⓐ
パン粉 … 大さじ2
しょうゆ … 小さじ1
おろししょうが・塩・こしょう … 各少々

サラダ油 … 大さじ1
ポン酢しょうゆ・小ねぎ … 各適量

豚ひき肉
×80g

玉ねぎ
×½個

大根
×2cm

木綿豆腐
×½丁

小ねぎ
×適量

汁物 せん切り大根の豚汁風→P47

作り方

① 玉ねぎはみじん切りにする。
大根はすりおろす。豆腐は軽く水けをきる。

② ボウルにひき肉、玉ねぎ、豆腐、片栗粉、
Ⓐを入れてよく混ぜ、
2等分にして小判形に成形する。

③ フライパンにサラダ油を熱し、②を入れる。
焼き色がついたら裏返して3〜4分焼く。

④ 器に盛り、大根おろし、
ポン酢しょうゆをかけて小ねぎを散らす。

Point

豆腐を加えることでやわらかく、
栄養バランスも取れたおいしい
ハンバーグになります。

材料（1人分）

焼きそばめん … 1玉
にら … ½束
木綿豆腐 … ½丁
豚こま切れ肉 … 80g
A
  [水 … 100mℓ
  オイスターソース … 大さじ2
  砂糖・しょうゆ … 小さじ1]
水溶き片栗粉 … 水大さじ2＋片栗粉大さじ1
サラダ油・ごま油 … 各大さじ1

作り方

① にらはざく切りにする。
豆腐は軽く水けをきり、1.5cm角に切る。

② フライパンにサラダ油を熱し、
焼きそばめんと水大さじ2（分量外）を入れ、
めんをほぐしながら2〜3分炒めて器に盛る。

③ 同じフライパンにごま油を熱し、
豚肉を入れて色が変わるまで炒める。
にら、豆腐を加えて強火にし、さっと炒める。

④ Aを加え、沸騰したら水溶き片栗粉を加えて
とろみをつけ、②にかける。

Point

にらを加えたら強火にしてさっと炒めて、
にらに火を通しすぎないようにします。

焼きそばめん
×1玉

にら
×½束

木綿豆腐
×½丁

豚こま切れ肉
×80g

[2日目] 豚にら豆腐オイスター焼きそば を作ろう！

ゴロッと入った
豆腐で
ボリューム感アップ！

材料（1人分）

大根 … ⅓本
にら … ½束
もやし … ½袋
豚ひき肉 … 80g
A[片栗粉 … 大さじ2
　しょうゆ … 小さじ1
　おろししょうが・こしょう … 各少々]
片栗粉 … 適量
B[酢・しょうゆ・ラー油 … 各適量]
ごま油 … 大さじ1

大根
×⅓本

にら
×½束

もやし
×½袋

豚ひき肉
×80g

作り方

① 大根は皮をむき、14枚の薄い輪切りにする。耐熱皿に並べ、水適量（分量外）をかけてふんわりとラップをし、電子レンジで3分加熱する。

② にら、もやしは細かく刻む。ボウルにひき肉、にら、もやし、**A**を入れてよく混ぜる。

③ ①の大根1枚に片栗粉をふり、②をのせてもう1枚で挟む。これを7個作る。

④ フライパンにごま油を熱し、③を並べて焼く。焼き色がついたら裏返し、水大さじ3（分量外）を加えて蓋をし、4～5分蒸し焼きにする。混ぜ合わせた**B**を添える。

にらの香り豊かな
さっぱりヘルシー
餃子！

副菜 にらだれ冷ややっこ→P47

3日目 大根餃子 を作ろう！

Point
大根はレンチンしておくことで焼くときに火が通りやすく、時短になります。

材料（1人分）

焼きそばめん … 1玉
卵 … 2個
キャベツ … 1/3個
豚こま切れ肉 … 80g
もやし … 1/2袋
中濃ソース … 大さじ2
（または付属の粉末ソース … 1袋）
Ⓐ［マヨネーズ・中濃ソース・
　青のり・削り節 … 各適量
サラダ油 … 大さじ2

焼きそばめん
×1玉

卵
×2個

キャベツ
×1/3個

豚こま切れ肉
×80g

もやし
×1/2袋

作り方

① 卵は溶きほぐす。
キャベツはせん切りにする。

② まな板にラップをしく。
フライパンにサラダ油大さじ1を熱し、溶き卵を
流し入れて薄焼き卵を作り、ラップの上にのせる。

③ 同じフライパンにサラダ油大さじ1を熱し、
豚肉、キャベツ、もやしを入れて強火で炒める。
豚肉の色が変わったら焼きそばめんを加えて
ほぐしながら炒め、中濃ソース（または付属の
粉末ソース）を加えて混ぜ合わせる。

④ ②に③をのせ、オムレツ形になるように包む。
器に盛り、Ⓐを順にかける。

Point

卵はラップでオムレツ形になるよう
に包むと破れずに簡単にできます。

4日目 オムそば を作ろう！

これひとつで
食べ応えのある
大満足ごはん！

5日目 ポークハヤシライス を作ろう！

おうちにある
調味料で
簡単に作れちゃう！

材料（1人分）

ごはん … 茶碗1杯分
豚こま切れ肉 … 80g
Ⓐ [小麦粉 … 大さじ1
　　おろしにんにく・塩・こしょう … 各適量]
トマト … 1個
玉ねぎ … ½個
Ⓑ [水 … 200㎖
　　トマトケチャップ・中濃ソース … 各大さじ2
　　顆粒コンソメ … 小さじ1]
パセリ … 適量
オリーブ油 … 大さじ1

作り方

① 豚肉にⒶを揉み込む。
　トマトは1cm角に切り、玉ねぎは薄切りにする。

② フライパンにオリーブ油を熱し、
　玉ねぎ、豚肉、トマトの順に入れて炒める。
　豚肉の色が変わったらⒷを加えて弱火にし、
　10分ほど煮込む。

③ 器にごはんを盛り、②をかけてパセリをふる。

豚こま切れ肉×80g　　トマト×1個　　玉ねぎ×½個

Point

生のトマトを加えることでさわやかな酸味
のあるおいしいハヤシライスになります。

6日目 大根もち を作ろう！

大根の
異なる食感が
楽しめる一品！

材料（1人分）

大根 … ⅓本
豚ひき肉 … 80g
Ⓐ[しょうゆ・ごま油 … 各小さじ1
Ⓑ[片栗粉・小麦粉 … 各大さじ4
小ねぎ … 適量
ごま油 … 大さじ1

大根
×⅓本

豚ひき肉
×80g

小ねぎ
×適量

作り方

① 耐熱ボウルにひき肉、Ⓐを入れて軽く混ぜ、ふんわりとラップをして電子レンジで2〜3分加熱する。

② 大根は半分を5cm長さのせん切りにし、残りはすりおろして軽く水けをきる。

③ ボウルに①、②、Ⓑを入れてよく混ぜ合わせる。

④ フライパンにごま油を熱し、③を流し入れて平たい円形に成形する。両面を4〜5分ずつこんがりと焼き、好みの大きさに切る。器に盛り、小ねぎを散らす。

Point

大根はせん切りとすりおろしを入れることで、シャキシャキ感ともっちり感が楽しめます。

スパイシーな
カレー味が鶏肉に
よくしみ込んで◎

7日目 タンドリーチキン を作ろう！

材料（1人分）

鶏むね肉 … 1枚

Ⓐ
- マヨネーズ … 大さじ2
- トマトケチャップ … 大さじ1
- カレー粉 … 小さじ2
- ウスターソース … 小さじ1
- おろししょうが・おろしにんにく … 各少々

オリーブ油 … 適量
グリーンカール … 適宜

鶏むね肉×1枚

副菜 大根のおかかサラダ→P47

作り方

① 鶏むね肉はそぎ切りにしてポリ袋に入れ、
Ⓐを加えてよく揉み込む。
できれば1時間ほどおく。

② 天板にアルミホイルをしいて
オリーブ油を塗り、①を並べる。
オーブントースターで7〜8分
こんがりと焼く。器に盛り、
好みでグリーンカールを添える。

Point

鶏肉に下味をつけて揉み込み、1時間
ほどおくことでやわらかく仕上がります。

くずし豆腐の みそ汁

材料と作り方（2人分）

① 鍋にだし汁（400mℓ）を入れて火にかけ、沸騰したらみそ（大さじ2）を溶き入れる。

② 木綿豆腐（½丁）を大きめのスプーンですくって入れ、弱火で豆腐が温まるまで煮る。器に盛り、小ねぎ（適量）を散らす。

せん切り大根の 豚汁風

材料と作り方（2人分）

① 鍋にだし汁（400mℓ）を入れて火にかけ、沸騰したら大根（3cm→せん切り）、豚こま切れ肉（2〜3切れ→刻む）を加える。

② 大根に火が通るまで煮込み、みそ（大さじ2）を溶き入れてひと煮立ちさせる。

大根の おかかサラダ

材料と作り方（2人分）

① 大根（5cm→せん切り）は塩（適量）をまぶして10分ほどおき、水にさらして水けを絞る。

② 器に盛り、マヨネーズ（適量）を絞り、削り節・もみのり（各適量）をのせる。

にらだれ 冷ややっこ

材料と作り方（2人分）

① にら（4本→細かく刻む）にしょうゆ（大さじ1）、ごま油（小さじ1）、おろしにんにく・ラー油（各適量）を混ぜ合わせる。

② 器に木綿豆腐（½丁→2cm幅に切る）を並べ、①をかける。

4週目

\ 行ってみよー！/

買い物リスト

豚ひき肉… 約320g	¥376
鶏むね肉… 1枚	¥220
ツナ缶(水煮)… 1缶	¥193
カットトマト缶… 1缶	¥117
キャベツ… ½個	¥106
しょうが… 1個	¥96
玉ねぎ… 2個	¥84×2
長ねぎ… 1本	¥106
しめじ… 1袋	¥106
卵… 10個	¥247
木綿豆腐… 1丁	¥40
パスタ(ゆで時間6〜7分のもの)… 1袋	¥128

¥1,903 (税込)

今回使う常備食材

- 乾燥わかめ
- おろししょうが
- おろしにんにく
- パセリ
- 削り節
- 豆板醤
- オイスターソース
- トマトケチャップ
- 砂糖 ・塩
- 酢 ・しょうゆ
- 酒 ・みりん
- みそ
- 顆粒鶏がらスープの素
- 顆粒コンソメ
- 顆粒だしの素
- だし汁
- だしパック
- 粉チーズ
- パン粉
- 小麦粉
- 片栗粉
- こしょう
- 粗びき黒こしょう
- マヨネーズ
- ラー油
- オリーブ油
- サラダ油
- ごま油

まずは ミートボールのトマト煮 を作りたい！

今週はトマト缶を使ったミートボールのトマト煮からスタート！ トマト缶は2日に分けて使い回すのがおすすめ。卵やキャベツはいろいろなレシピに取り入れられるのでまとめて買っておこう！

1日目 ミートボールのトマト煮

 ×160g ×2枚 ×½個  ×½袋 ×½缶

豚ひき肉残り160gはラップをして冷凍庫へ

↓

2日目 ツナ&トマトパスタ

 ×80g ×½個 ×1缶  ×½缶

↓

3日目 麻婆豆腐

 ×1丁 ×½本 ×⅓個 ×160g ×適量

↓

4日目 よだれ鶏ねぎソース

 ×1枚 ×½本 ×⅓個

↓

5日目 大根と卵とキャベツのおでん

×約⅓本 ×3個 ×¼個

3週目の残り

↓

6日目 ダブルしょうがのしょうが焼き

 ×80g ×1個  ×¼個 ×⅓個

3週目の残り

↓

7日目 きのこのあんかけ焼きそば

 ×1玉 ×2個 ×½袋

冷蔵庫残り　3週目の残り

卵×5個

パスタを購入！
常備しておけば
少ない材料でアレンジできて
節約になります！

ミートボールのトマト煮 を作ろう！

ミートボールが
ゴロッと入って
ボリューム満点！

材料（1人分）

豚ひき肉 … 160g
キャベツ … 2枚
玉ねぎ … ½個
しめじ … ½袋

A
- パン粉 … 大さじ2
- 小麦粉・マヨネーズ … 各大さじ1
- 塩・こしょう … 各少々

B
- カットトマト缶 … ½缶
- トマトケチャップ … 大さじ2
- 顆粒コンソメ … 小さじ1

オリーブ油 … 大さじ1
パセリ … 適量

豚ひき肉
×160g

キャベツ
×2枚

玉ねぎ
×½個

しめじ
×½袋

カットトマト缶
×½缶

汁物 キャベツのおかか風味みそ汁→P57

作り方

① キャベツはざく切りにし、
玉ねぎはみじん切りにする。しめじはほぐす。

② ボウルにひき肉、玉ねぎ、**A**を入れて
よく混ぜ、8等分にして丸く成形する。

③ フライパンにオリーブ油を熱し、②を入れる。
焼き色がついたら裏返してしめじ、
Bを加えて5〜6分煮込む。

④ フライパンの端にミートボールを寄せ、
空いたところにキャベツを入れてさっと煮る。
器に盛り、パセリをふる。

Point

きれいに盛りつけられるよう、キャベツを
加えるときは1か所にまとめて加えましょう。

2日目 ツナ&トマトパスタ を作ろう！

切るのは玉ねぎだけ！
レンチンで
簡単パスタ！

材料（1人分）

パスタ（ゆで時間6〜7分のもの）… 80g
玉ねぎ … ½個
ツナ缶（水煮）… 1缶
A ┌ 水 … 150ml
　　├ カットトマト缶 … ½缶
　　├ 顆粒コンソメ・オリーブ油 … 各小さじ1
　　└ 塩 … 小さじ½
粉チーズ・パセリ … 各適量

パスタ×80g

玉ねぎ×½個

ツナ缶（水煮）×1缶

カットトマト缶×½缶

作り方

① 玉ねぎは薄切りにする。

② 耐熱ボウルにパスタを半分に折って入れる。
その上に玉ねぎ、ツナ（缶汁ごと）をのせ、
A を加えてふんわりとラップをし、
電子レンジで8分加熱する。

③ 一度取り出してよく混ぜ、
再びふんわりとラップをしてさらに4分加熱する。
器に盛り、粉チーズ、パセリをふる。

Point
耐熱ボウル1つでできるので洗
い物が少なく、簡単にできます。

51

3日目 麻婆豆腐 を作ろう！

ひき肉をたっぷり
使ってリッチで
食べ応え抜群！

材料（1人分）

木綿豆腐 … 1丁
長ねぎ … ½本
しょうが … ⅓個
豚ひき肉 … 160g
おろしにんにく … 小さじ1
Ⓐ みそ・オイスターソース … 各大さじ1
　 豆板醤・しょうゆ・
　　顆粒鶏がらスープの素 … 各小さじ1
水 … 150mℓ
水溶き片栗粉 … 水大さじ2＋片栗粉大さじ1
ごま油 … 大さじ1
小ねぎ … 適量

作り方

① 豆腐は軽く水きりをして2cm幅の1.5cm厚さに切る。
　長ねぎ、しょうがはみじん切りにする。

② フライパンにごま油を熱し、ひき肉、しょうが、
　にんにくを加えてほぐしながら炒める。

③ ひき肉の色が変わったらⒶを加え、
　香りが出たら水を加えて煮立て、
　水溶き片栗粉を加えてとろみをつける。

④ 豆腐を加えて温まったら長ねぎを加え、
　ひと混ぜする。器に盛り、小ねぎをのせる。

Point

豆腐が崩れないように、フライパンを揺すって混ぜましょう。

木綿豆腐
×1丁

長ねぎ
×½本

しょうが
×⅓個

豚ひき肉
×160g

小ねぎ
×適量

プリッとした鶏肉に
ねぎソースが
よく合う!

4
日目

よだれ鶏ねぎソース
を作ろう!

材料（1人分）

鶏むね肉 … 1枚

A
- 酒 … 大さじ1
- 砂糖 … 小さじ1
- 塩・こしょう … 各少々

長ねぎ … ½本
しょうが … ⅓個

B
- ごま油 … 大さじ2
- 塩 … 小さじ½
- ラー油 … 少々

粗びき黒こしょう … 適量

鶏むね肉
×1枚

長ねぎ
×½本

しょうが
×⅓個

作り方

① 耐熱ボウルに鶏肉を入れて**A**を揉み込み、できれば30分以上おく。ふんわりとラップをして電子レンジで4分加熱し（※）、そのままおいて余熱で中まで火を通す。

② 長ねぎ、しょうがはみじん切りにして**B**と混ぜ合わせる。

③ ①を1cm幅に切って器に盛り、②をかけて粗びき黒こしょうをふる。

※このときに出るスープは「鶏塩わかめスープ（→P57）」で使うため、冷凍保存しておく。

Point

鶏肉はレンチン後、ラップをしたままおいて余熱で中まで火を通しましょう。

5日目 大根と卵とキャベツのおでん を作ろう！

材料（1人分）

大根 … 約⅓本
卵 … 3個
キャベツ … ¼個

Ⓐ 水 … 400㎖
　 だしパック … 1個

Ⓑ 酒 … 大さじ3
　 しょうゆ … 大さじ2
　 砂糖・みりん
　 　… 各大さじ1
　 顆粒だしの素 … 小さじ1

大根×約⅓本　　卵×3個　　キャベツ×¼個

作り方

① 卵はゆで卵にして殻をむく。
キャベツは芯ごと半分に切り、
バラバラにならないよう、竹串を2本刺す。

② 大根は2㎝厚さの輪切りにし、皮をむく。
耐熱皿に入れてかぶるくらいの水（分量外）をかけ、
ふんわりとラップをして電子レンジで4分加熱する。

③ 鍋にⒶ、②を入れて強火で熱し、3〜4分煮る。
Ⓑを加えて中火にし、10分ほど煮たら、だしパックを
取り出す。ゆで卵、キャベツを加えて弱火にし、
4〜5分煮る。キャベツの竹串を抜いて器に盛る。

Point

大根はレンチンして味をしみ込みや
すくします。キャベツは形が残るよう
に煮込みすぎないようにしましょう。

大根がしみしみ！
余ったら次の日の朝に
食べても！

甘辛い味つけで
ごはんがモリモリ
食べられる！

6日目 ダブルしょうがの
しょうが焼き を作ろう！

材料（1人分）

豚こま切れ肉 … 80g
玉ねぎ … 1個
キャベツ … ¼個
しょうが … ⅓個
Ⓐ［砂糖・しょうゆ・みりん … 各大さじ1
　こしょう … 少々
サラダ油 … 大さじ1

豚こま切れ肉　玉ねぎ　キャベツ　しょうが
×80g　　　　×1個　　×¼個　　×⅓個

作り方

① 玉ねぎは薄切りに、キャベツはせん切りにする。
しょうがは皮をむき、薄切り3枚分を
せん切りにして残りはすりおろす。

② フライパンにサラダ油を熱し、玉ねぎ、豚肉を
入れて炒める。豚肉の色が変わったら、Ⓐ、
すりおろしたしょうがを加え、軽く煮詰める。

③ せん切りにしたしょうがを加え、ひと煮立ちさせる。
器に盛り、キャベツを添える。

Point

しょうがはせん切りとすりお
ろしを入れることで、風味と
香りがアップします。

7日目 きのこのあんかけ 焼きそば を作ろう！

きのこあんと
卵をめんに
よく絡めて！

Point

卵は半熟になったら、かたまらないよう
にすぐに焼きそばめんにのせましょう。

材料（1人分）

焼きそばめん…1玉
A ［ オイスターソース・しょうゆ・
　片栗粉…各大さじ1
　おろししょうが・砂糖…各小さじ1 ］
卵…2個
しめじ…½袋
水…100ml
サラダ油・ごま油…各大さじ1

焼きそばめん
×1玉

卵
×2個

しめじ
×½袋

汁物 鶏塩わかめスープ→P57

作り方

① 卵は溶きほぐす。しめじはほぐす。

② フライパンにサラダ油大さじ½を熱し、
焼きそばめん、水大さじ2（分量外）を入れて
めんをほぐしながら2〜3分炒め、器に盛る。

③ 同じフライパンに残りのサラダ油を熱し、
卵を流し入れて菜箸で大きくかき回し、
表面が半熟のうちに②にのせる。

④ 同じフライパンにごま油を熱し、
しめじを入れて強火にし、さっと炒める。
水、Aを加え、煮立つまでかき混ぜる。
とろみがついたら③にかける。

キャベツの
おかか風味みそ汁

材料と作り方（2人分）

① 鍋にだし汁（400mℓ）を入れて火にかけ、沸騰したらキャベツ（1枚→ざく切り）を加える。

② キャベツがしんなりしたらみそ（大さじ2）を溶き入れ、ひと煮立ちさせる。器に盛り、削り節（適量）をのせる。

しめじと玉ねぎのマリネ

材料と作り方（2人分）

① しめじ（½袋→ほぐす）はさっとゆでる。玉ねぎ（⅙個→薄切り）は塩（適量）をまぶして5分ほどおき、水にさらして水けを絞る。

② 酢（大さじ1）、オリーブ油（小さじ2）、砂糖（ひとつまみ）、塩・こしょう（各適量）を混ぜ合わせる。

③ 器に①を盛り、②をかけてパセリ（適量）をふる。

鶏塩わかめスープ

材料と作り方（2人分）

① よだれ鶏ねぎソース（→P53）を作ったときに鶏肉から出るスープに水を足し、400mℓにする。

② 鍋に①を入れて火にかけ、沸騰したら乾燥わかめ（小さじ1〜2）、鶏がらスープの素（適量）を加え、塩・こしょう（各適量）で味を調える。

キャベツと玉ねぎの
おろししょうがだれ

材料と作り方（2人分）

① キャベツ（2枚→ざく切り）、玉ねぎ（¼個→薄切り）は一緒にゆで、水けを絞る。

② おろししょうが・しょうゆ（各大さじ1）、酢（小さじ1）を混ぜ合わせ、①にかける。

5週目

\ 行ってみよー！ /

買い物リスト

豚ひき肉…約160g	¥250
鶏むね肉…1枚	¥220
さば缶（水煮）…1缶	¥117
焼きのり（半切りサイズ）…1袋	¥214
大根…½本	¥73
玉ねぎ…2個	¥84×2
トマトジュース…200ml	¥96
なす…3本	¥278
しめじ…1袋	¥106
木綿豆腐…1丁	¥40
冷凍うどん…1パック（5玉入り）	¥127

¥1,689 (税込)

今回使う常備食材

- 米
- おろししょうが
- 白すりごま
- パセリ
- カレー粉
- トマトケチャップ
- 中濃ソース
- 砂糖
- 塩
- しょうゆ
- めんつゆ
- 酒
- みりん
- みそ
- 白だし
- だしパック
- 顆粒コンソメ
- だし汁
- 片栗粉
- こしょう
- バター
- オリーブ油
- サラダ油
- ごま油

まずは さば缶のパエリア風 を作りたい！

週初めはスペイン料理のパエリアをさば缶で簡単に！ 今週は丼ものや、パスタ、うどんなど、1品で大満足の料理が盛りだくさん。なすをメインにも副菜にもたくさん使おう！

1日目 さば缶のパエリア風

 ×½個　 ×1缶　 ×200mℓ

↓

2日目 なすの挟み焼き

豚ひき肉残り80gはラップをして冷凍庫へ

 ×2本　 ×80g　 ×½丁

↓

3日目 豆腐とじ丼

 ×½丁　 ×½個　×2個　 ×適量

4週目の残り

↓

4日目 鶏むね肉となすのおろしだれ

 ×1枚　 ×1本　 ×⅛本

↓

5日目 きのこデミグラスオムライス

 ×½個　 ×¼袋　×2個

4週目の残り

↓

6日目 きのこの和風パスタ

 ×80g　 ×80g　 ×½個　 ×½袋　 ×適量

4週目の残り

↓

7日目 大根としめじの卵とじうどん

 ×1玉　×⅜本　 ×¼袋　×1個　 ×適量

4週目の残り

冷蔵庫残り

冷凍うどん×4玉

冷凍うどんも
アレンジ豊富な節約食材！
トマトジュースは小さいサイズを
購入して使いきろう！

59

1日目

さば缶のパエリア風 を作ろう！

> さばは粗めに
> 崩して
> 食べ応えアップ！

材料（1人分）

米…1合
玉ねぎ…½個
さば缶（水煮）…1缶
Ⓐ
トマトジュース…200ml
カレー粉…小さじ2
塩…小さじ½
パセリ…適量

玉ねぎ　　さば缶（水煮）　トマトジュース
×½個　　×1缶　　　×200ml

汁物　トマトジュースのミネストローネ→P67

作り方

① 玉ねぎはみじん切りにする。

② 炊飯釜に米、さば（缶汁ごと）、①、Ⓐを入れ、軽く混ぜて炊飯する。

③ 炊けたら全体を混ぜ、10分ほど蒸らす。器に盛り、パセリを散らす。

Point

全ての材料を入れて炊飯する
だけで簡単に作れます。

なすの挟み焼き を作ろう!

コロコロとした
見た目もかわいくて
食べやすい!

材料(1人分)

なす … 2本
豚ひき肉 … 80g
木綿豆腐 … ½丁
Ⓐ[みそ … 小さじ2
　　おろししょうが・しょうゆ … 各少々]
片栗粉 … 適量
水 … 50mℓ
Ⓑ[砂糖・しょうゆ・みりん … 各大さじ1]
サラダ油 … 大さじ2

なす
×2本

豚ひき肉
×80g

木綿豆腐
×½丁

作り方

① ボウルにひき肉、豆腐、Ⓐを入れ、
スプーンでよく混ぜ合わせて8等分にする。

② なすは両端を切り落とし、8等分の輪切りに
して片栗粉を全体にまぶす。なす1枚に
①をのせてもう1枚で挟む。これを8個作る。

③ フライパンにサラダ油を熱し、②を入れて
両面をこんがりと焼き色がつくまで焼く。

④ 水を加えて蓋をし、3〜4分蒸し焼きにする。
Ⓑを加え、なすに味がしみ込むように
一度上下を裏返してひと煮立ちさせる。

Point

なすは薄めに切り、片栗粉を全体にまぶ
すことで肉だねがはがれにくくなります。

3日目 豆腐とじ丼 を作ろう！

煮汁がごはんに
しみ込んで最後まで
おいしい！

材料（1人分）

ごはん … 丼1杯分
木綿豆腐 … ½丁
玉ねぎ … ½個
卵 … 2個
A
　水 … 50㎖
　めんつゆ（3倍濃縮）… 大さじ2
　砂糖・しょうゆ … 各小さじ1
焼きのり（半切りサイズ）… 適量
サラダ油 … 大さじ1

作り方

① 豆腐は軽く水きりをして1cm角に切る。
玉ねぎは薄切りにする。卵は溶きほぐす。

② フライパンにサラダ油を熱し、
玉ねぎを入れてしんなりするまで炒める。

③ 豆腐、Aを加え、豆腐に味がしみ込むように
フライパンを揺すりながらさっと煮る。

④ 卵を回し入れ、蓋をして蒸らし、
半熟になったら火を止める。

⑤ 器にごはんを盛り、④をのせる。
刻んだ焼きのりを散らす。

木綿豆腐　　玉ねぎ　　卵　　焼きのり
×½丁　　　×½個　　×2個　　×適量

Point

卵は半熟になったら、かたまらない
ようにすぐに火を止めましょう。

4日目 鶏むね肉となすのおろしだれ

を作ろう！

材料（1人分）

鶏むね肉 … 1枚
Ⓐ[酒・片栗粉 … 各大さじ1]
なす … 1本
大根 … ⅛本
Ⓑ[水 … 100mℓ
　 めんつゆ（3倍濃縮）… 大さじ2
　 砂糖 … 小さじ2]
サラダ油 … 大さじ2

鶏むね肉×1枚　　なす×1本　　大根×⅛本

作り方

① 鶏むね肉はそぎ切りにし、Ⓐを揉み込む。なすは乱切りにする。大根はすりおろす。

② フライパンにサラダ油を熱し、鶏肉を入れてこんがりと焼き色がつくまで焼き、なすを加えてさっと炒める。

③ Ⓑを加え、蓋をして3〜4分煮る。器に盛り、大根おろしをのせる。

Point

なすは食感を残すために、鶏肉を焼いてから加えてさっと炒めましょう。

ジューシーな鶏肉を
大根おろしで
さっぱりと！

きのこデミグラス オムライス を作ろう！

材料（1人分）

ごはん … 茶碗1杯分
玉ねぎ … ½個
しめじ … ¼袋
卵 … 2個
塩・こしょう … 各少々
A｜トマトケチャップ・中濃ソース
　｜… 各大さじ3
　｜バター … 大さじ1
バター … 大さじ1
パセリ … 適量

玉ねぎ×½個　しめじ×¼袋　卵×2個

Point

具材を混ぜてレンチンで簡単に作れます。
多めに作りおきしておくのもおすすめ。

> レンチンでお手軽！
> 卵は半熟に
> 仕上げて！

作り方

1 玉ねぎは薄切りにし、しめじはほぐす。
卵は溶きほぐし、塩、こしょうを加えて混ぜる。

2 耐熱ボウルに玉ねぎ、しめじ、Aを入れて
よく混ぜる。ふんわりとラップをして
電子レンジで3分加熱し、さらに混ぜる。

3 器にごはんを盛る。フライパンに
バターを熱し、溶き卵を流し入れる。
菜箸で大きくかき混ぜ、
半熟になったらごはんにのせる。
その上に②をかけ、パセリをふる。

きのこの和風パスタ を作ろう！

6日目

きのこのうま味が
たまらない
簡単パスタ！

材料（1人分）

パスタ … 80g
豚ひき肉 … 80g
玉ねぎ … ½個
しめじ … ½袋

A
- 水 … 200㎖
- しょうゆ・バター … 各大さじ1
- 砂糖 … 小さじ1

焼きのり（半切りサイズ）… 適量

パスタ×80g

豚ひき肉×80g

玉ねぎ×½個

しめじ×½袋

焼きのり×適量

作り方

① 玉ねぎは薄切りにし、しめじはほぐす。

② 耐熱ボウルにパスタを半分に折って入れ、
その上にひき肉、玉ねぎ、しめじを順にのせる。
Aを加え、ふんわりとラップをして
電子レンジで8分加熱する。

③ 一度取り出し、パスタがくっつかないようによく混ぜる。
再びふんわりとラップをしてさらに4分加熱する。
器に盛り、刻んだ焼きのりを散らす。

Point

ひき肉はレンチンするとき一番上に
のせるとかたくなるので、ひき肉、
玉ねぎ、しめじの順にのせましょう。

やさしい味で
心も体も
ほっとあたたまる！

7日目 大根としめじの 卵とじうどん を作ろう！

材料（1人分）

冷凍うどん … 1玉
大根 … 3/8本
しめじ … 1/4袋
卵 … 1個
水 … 300mℓ
だしパック … 1個
A ┌ めんつゆ（3倍濃縮）・白だし
  │   … 各大さじ1
  └ しょうゆ・みりん … 各小さじ1
小ねぎ … 適量

作り方

① 大根は5mm厚さのいちょう切りにし、
  しめじはほぐす。卵は溶きほぐす。

② 鍋に水、だしパック、大根を入れて煮る。
  大根に火が通ったら、A、しめじ、
  冷凍うどんを加え、3〜4分煮る。

③ だしパックを取り出して溶き卵を回し入れ、
  蓋をして卵が半熟になるまで煮る。
  器に盛り、小ねぎを散らす。

冷凍うどん
×1玉

大根
×3/8本

しめじ
×1/4袋

卵
×1個

小ねぎ
×適量

Point

溶き卵を回し入れて半熟になったら、か
たくならないようにすぐに火を止めます。

なすのみそ汁

材料と作り方（2人分）

① 鍋にだし汁（400mℓ）を入れて火にかけ、沸騰したらなす（1本→斜め薄切り）を加える。

② なすに火が通ったら、みそ（大さじ2）を溶き入れてひと煮立ちさせる。

トマトジュースのミネストローネ

材料と作り方（2人分）

① 鍋にオリーブ油（適量）を熱し、なす（1本→1cm角に切る）を入れて炒める。

② トマトジュース・水（各200mℓ）を加え、沸騰したら顆粒コンソメ（小さじ2）を加え、塩・こしょう（各適量）で味を調える。

なすのナムル風

材料と作り方（2人分）

① なす（2本→縦半分に切ってから斜め薄切り）は水にさらし、ラップに包む。電子レンジで2分加熱し、冷めたら軽く水けを絞る。

② ①にごま油（小さじ2）、塩・白すりごま（各適量）を加えて混ぜ合わせる。

大根のねぎみそ添え

材料と作り方（2人分）

① みそ（大さじ2）に、長ねぎ（適量→小口切り）を混ぜる。

② 大根（5cm→薄い半月切り）を器に盛り、①を添える。

6週目

\ 行ってみよー！／

買い物リスト

豚こま切れ肉…約320g	¥420
豚ひき肉…約160g	¥250
鶏むね肉…1枚	¥220
長ねぎ…1本	¥106
にんじん…1本	¥62
白菜…½個	¥171
えのき…1袋	¥62
エリンギ…1パック（2本入り）	
	¥106
しめじ…1袋	¥106
木綿豆腐…1丁	¥40

¥1,543 (税込)

今回使う常備食材

- ・米
- ・おろししょうが
- ・おろしにんにく
- ・白いりごま
- ・パセリ
- ・豆板醤
- ・オイスターソース
- ・砂糖　・塩
- ・酢
- ・しょうゆ
- ・ポン酢しょうゆ
- ・酒
- ・みりん
- ・みそ
- ・顆粒鶏がらスープの素
- ・顆粒コンソメ
- ・だし汁
- ・小麦粉　・片栗粉
- ・カレー粉
- ・こしょう
- ・粗びき黒こしょう
- ・マヨネーズ
- ・バター
- ・オリーブ油
- ・サラダ油
- ・ごま油

まずは すき焼き風豆腐 を作りたい！

今週は豆腐がメインの肉豆腐から作ろう！きのこは3種類買っていろいろな料理に使い回しましょう。白菜を入れると甘みが出るので、½個買ってたっぷり使おう！

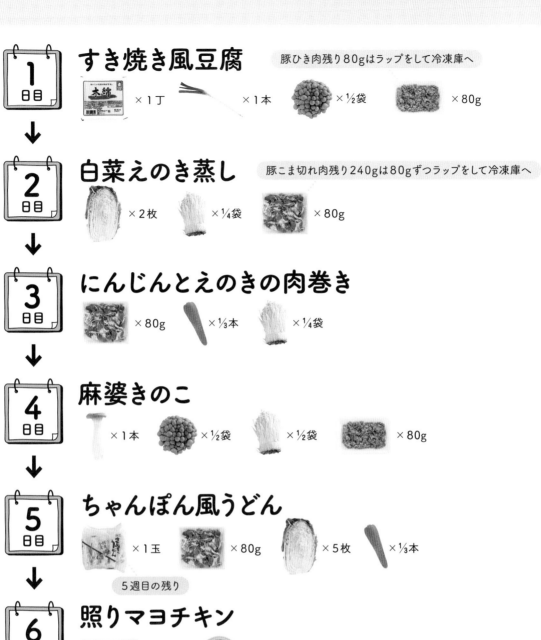

1日目 すき焼き風豆腐

豚ひき肉残り80gはラップをして冷凍庫へ

×1丁　　×1本　　×½袋　　×80g

2日目 白菜えのき蒸し

豚こま切れ肉残り240gは80gずつラップをして冷凍庫へ

×2枚　　×¼袋　　×80g

3日目 にんじんとえのきの肉巻き

×80g　　×⅓本　　×¼袋

4日目 麻婆きのこ

×1本　　×½袋　　×½袋　　×80g

5日目 ちゃんぽん風うどん

×1玉　　×80g　　×5枚　　×⅓本

5週目の残り

6日目 照りマヨチキン

×1枚　　×適量

7日目 豚肉とエリンギのカレーピラフ

×80g　　×⅓本　　×1本

きのこ類はいつでも安い
節約の味方！
えのきの使い回しに
注目です！

冷蔵庫残り

冷凍うどん×3玉

1日目 すき焼き風豆腐 を作ろう!

豆腐は
崩れやすいので
やさしく混ぜよう!

材料(1人分)

木綿豆腐 … 1丁
長ねぎ … 1本
しめじ … ½袋
豚ひき肉 … 80g

Ⓐ ┌ 水 … 100㎖
  │ しょうゆ・みりん … 各大さじ2
  └ 砂糖 … 大さじ1

サラダ油 … 大さじ1

木綿豆腐
×1丁

長ねぎ
×1本

しめじ
×½袋

豚ひき肉
×80g

汁物　白菜と焼きのりのみそ汁→P77

作り方

① 豆腐は軽く水けをきり、
4等分に切って1.5cm厚さに切る。
長ねぎは斜め切りにし、しめじはほぐす。

② フライパンにサラダ油を熱し、ひき肉、
長ねぎ、しめじを入れてほぐしながら炒める。

③ ひき肉の色が変わったらⒶ、豆腐を加えて
時々フライパンを揺すりながら3〜4分煮る。

Point

豆腐を加えたら、崩れないようにフライ
パンを揺すりながら味をなじませます。

手作りの
タレをかけて
召し上がれ！

2日目 白菜えのき蒸し **を作ろう！**

材料（1人分）

白菜 … 2枚
えのき … ¼袋
豚こま切れ肉 … 80g

Ⓐ
- しょうゆ … 大さじ2
- 酢・ごま油 … 各大さじ1
- 砂糖 … 小さじ2
- 顆粒鶏がらスープの素 … 小さじ1
- 白いりごま … 少々

白菜
×2枚

えのき
×¼袋

豚こま切れ肉
×80g

作り方

① 白菜はざく切りにし、
えのきは根元を切り落として半分に切る。
Ⓐは混ぜ合わせる。

② 耐熱皿に白菜、えのき、豚肉を並べ、
ふんわりとラップをして
電子レンジで4〜5分加熱する。
器に盛り、Ⓐをかけていただく。

Point

豚肉はレンチンするとき、中央に置くと
かたくなるので、耐熱皿の端に置きます。

にんじんと
えのきの長さは
揃えよう!

3
日目 # にんじんとえのきの
肉巻き を作ろう!

材料（1人分）

豚こま切れ肉 … 80g
にんじん … ⅓本
えのき … ¼袋
塩・こしょう・片栗粉 … 各適量
Ⓐ[しょうゆ・酒・みりん … 各大さじ1
サラダ油 … 大さじ½

豚こま切れ肉
×80g

にんじん
×⅓本

えのき
×¼袋

作り方

① にんじんはせん切りにする。
えのきは根元を切り落として半分に切る。

② 豚肉は数枚ずつ重ねて広げ、
塩、こしょうをふって片栗粉をまぶす。
①をのせてくるくると巻く。これを6個作る。

③ フライパンにサラダ油を熱し、②を入れて
焼き色がつくまで転がしながら全体を焼く。

④ Ⓐを加えて蓋をし、時々蓋を開けて肉巻きを
転がしながら全体に味をしみ込ませる。

Point

フライパンの蓋をして時々肉巻きを転が
しながら焼くと、全体に調味料が絡みます。

4日目 麻婆きのこ を作ろう！

材料（1人分）

エリンギ … 1本
しめじ … ½袋
えのき … ½袋
豚ひき肉 … 80g

Ⓐ
おろししょうが・おろしにんにく … 各小さじ1
豆板醤 … 小さじ1

Ⓑ
水 … 120㎖
みそ … 大さじ1
砂糖 … 小さじ2
しょうゆ … 小さじ1

水溶き片栗粉 … 水大さじ2＋片栗粉大さじ1
ごま油 … 大さじ1

エリンギ
×1本

しめじ
×½袋

えのき
×½袋

豚ひき肉
×80g

作り方

① エリンギは薄切りにし、しめじはほぐす。えのきは根元を切り落として半分に切る。

② フライパンにごま油を熱し、ひき肉、Ⓐを入れてほぐしながら炒める。

③ 色が変わったら①、Ⓑを加える。強火にし、きのこがしんなりするまで炒めて水溶き片栗粉でとろみをつける。

Point

きのこの歯応えが残るように、強火でさっと炒めましょう。

きのこたっぷりで
ごはんが止まらない
おいしさ！

とろみのある
あんがアツアツで
おいしい！

6週目

5日目 # ちゃんぽん風うどん を作ろう！

材料（1人分）

冷凍うどん … 1玉
豚こま切れ肉 … 80g

Ⓐ 片栗粉・酒 … 各大さじ1
塩・こしょう … 各少々

白菜 … 5枚
にんじん … 1/3本

Ⓑ 水 … 250ml
しょうゆ・オイスターソース … 各大さじ1
顆粒鶏がらスープの素・砂糖 … 各小さじ2

水溶き片栗粉 … 片栗粉大さじ1＋水大さじ2

冷凍うどん
×1玉

豚こま切れ肉
×80g

白菜
×5枚

にんじん
×1/3本

作り方

①　豚肉にⒶを揉み込む。白菜はざく切りにし、
にんじんは短冊切りにする。

②　耐熱ボウルにうどん、豚肉、にんじん、
白菜を順に入れ、Ⓑを加える。
ふんわりとラップをして
電子レンジで7〜8分加熱する。

③　一度取り出して軽く混ぜ、
水溶き片栗粉を加えて底から全体を混ぜる。
再びふんわりとラップをして
さらに2〜3分加熱し、全体を混ぜる。

Point

水溶き片栗粉はダマになりやすいので、
ボウルの底から全体をよく混ぜます。

ジューシーな鶏肉に
マヨネーズをかけて
コクうま！

［6日目］ 照りマヨチキン を作ろう！

材料（1人分）

鶏むね肉 … 1枚
Ⓐ [酒 … 大さじ1
  塩 … 少々]
片栗粉 … 適量
Ⓑ [しょうゆ・みりん … 各大さじ2
  砂糖 … 大さじ1
  おろしにんにく … 小さじ1]
サラダ油 … 大さじ1
マヨネーズ・小ねぎ … 各適量

鶏むね肉×1枚　　小ねぎ×適量

作り方

① 鶏肉はそぎ切りにしてⒶを揉み込み、
片栗粉をまぶす。

② フライパンにサラダ油を熱し、①を入れて
両面をこんがりと焼き色がつくまで焼く。

③ Ⓑを加え、蓋をしてひと煮立ちさせ、味をなじませる。
器に盛り、マヨネーズをかけて小ねぎを散らす。

Point

鶏肉に調味料を加えたら、蓋をして
調味料が絡むようになじませます。

副菜　白菜としめじのポン酢和え→P77

少し大きめに
切ったエリンギが
主役！

6週目

7日目 豚肉とエリンギの カレーピラフ を作ろう！

材料（1人分）

米 … 1合
豚こま切れ肉 … 80g
Ⓐ [カレー粉・小麦粉 … 各小さじ1
　　おろしにんにく・塩・こしょう … 各少々]
にんじん … 1/3本
エリンギ … 1本
Ⓑ [カレー粉・酒・バター … 各大さじ1
　　顆粒コンソメ … 小さじ2
　　塩 … 小さじ1/2
　　こしょう … 少々]
パセリ … 適量

豚こま切れ肉
×80g

にんじん
×1/3本

エリンギ
×1本

作り方

① 豚肉にⒶを揉み込む。
にんじんは太めのせん切りにし、
エリンギは半分の長さに切り、縦4等分に切る。

② 炊飯釜に米、①を入れ、
米1合の目盛りまで水を加える。
Ⓑを加え、軽く混ぜて炊飯し、10分ほど蒸らす。
器に盛り、パセリを散らす。

Point

豚肉にカレー粉を揉み込むこと
でしっかり風味がつきます。

76

白菜と焼きのりのみそ汁

材料と作り方（2人分）

① 鍋にだし汁（400mℓ）を入れて火にかけ、沸騰したら白菜（½枚→一口大に切る）を入れる。

② 白菜に火が通ったら、みそ（大さじ2）を溶き入れ、ひと煮立ちさせる。器に盛り、焼きのり（適量→ちぎる）を散らす。

きのこのカレースープ

材料と作り方（2人分）

① 鍋に水（400mℓ）を入れて火にかけ、沸騰したらしめじ（適量→ほぐす）、えのき（適量→ざく切り）を入れる。

② 2～3分煮たら顆粒コンソメ（小さじ2）、カレー粉（小さじ1）を加え、塩・こしょう（各適量）で味を調える。

エリンギの
ガーリックソテー

材料と作り方（2人分）

① しょうゆ・みりん（各小さじ2）、おろしにんにく（適量）を混ぜ合わせる。

② フライパンにオリーブ油（小さじ2）を熱し、エリンギ（2本→縦2つに裂く）を入れて、焼き色がつくまで焼く。器に盛り、①をかけて粗びき黒こしょう（適量）をふる。

白菜としめじの
ポン酢和え

材料と作り方（2人分）

① 白菜（2枚→短冊切り）、しめじ（¼袋→ほぐす）をラップに包み、電子レンジで3分加熱する。

② 冷めたら絞って水けをきる。器に盛り、ポン酢しょうゆ（適量）をかける。

7週目

\ 行ってみよー！ /

買い物リスト

豚ひき肉…約160g	¥250
鶏むね肉…1枚	¥220
さば缶（水煮）…1缶	¥117
ツナ缶（水煮）…1缶	¥193
青じそ…10枚	¥96
小ねぎ…1パック	¥106
水菜…1袋	¥106
玉ねぎ…1個	¥84
にら…1束	¥106
卵…6個	¥214
木綿豆腐…2丁	¥40×2

¥1,572 (税込)

今回使う常備食材

- ・米
- ・おろししょうが
- ・おろしにんにく
- ・白すりごま
- ・オイスターソース
- ・コチュジャン
- ・焼き肉のタレ
- ・砂糖
- ・塩
- ・しょうゆ
- ・めんつゆ
- ・酒
- ・みりん
- ・みそ
- ・白だし
- ・ポン酢しょうゆ
- ・顆粒鶏がらスープの素
- ・だし汁
- ・スライスチーズ
- ・パン粉
- ・片栗粉
- ・こしょう
- ・粗びき黒こしょう
- ・サラダ油
- ・ごま油

まずは 台湾まぜそば を作りたい！

今週は余ったうどんを使って台湾まぜそばから作ろう！ にらや豆腐を使い回してにら玉や、豆腐メインののり巻きを作ってみましょう。青じそや水菜はトッピングや添え物に使えるので便利！

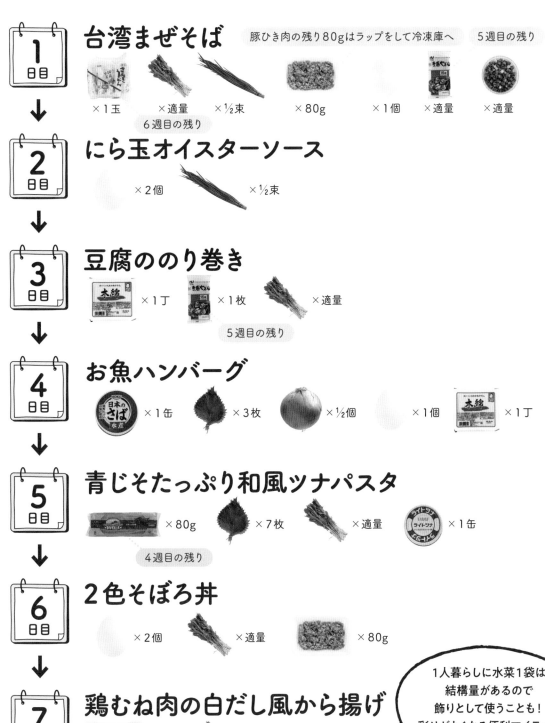

1日目 台湾まぜそば

豚ひき肉の残り80gはラップをして冷凍庫へ　　5週目の残り

×1玉　　×適量　　×½束　　×80g　　×1個　　×適量　　×適量

6週目の残り

2日目 にら玉オイスターソース

×2個　　×½束

3日目 豆腐ののり巻き

×1丁　　×1枚　　×適量

5週目の残り

4日目 お魚ハンバーグ

×1缶　　×3枚　　×½個　　×1個　　×1丁

5日目 青じそたっぷり和風ツナパスタ

×80g　　×7枚　　×適量　　×1缶

4週目の残り

6日目 2色そぼろ丼

×2個　　×適量　　×80g

7日目 鶏むね肉の白だし風から揚げ

×1枚　　×適量

1人暮らしに水菜1袋は
結構量があるので
飾りとして使うことも！
彩りがよくなる便利アイテム！

冷蔵庫残り

冷凍うどん×2玉　　玉ねぎ×½個

1日目 台湾まぜそば を作ろう！

全体をよく
混ぜ合わせて
食べてね！

材料（1人分）

冷凍うどん … 1玉
水菜 … 適量
にら … ½束
豚ひき肉 … 80g
Ⓐ ┌ 焼き肉のタレ … 大さじ1
　├ コチュジャン … 小さじ1
　└ おろしにんにく … 適量
Ⓑ ┌ めんつゆ（3倍濃縮）… 小さじ1
　└ しょうゆ・ごま油 … 各少々
卵 … 1個
焼きのり・小ねぎ・白すりごま … 各適量
ごま油 … 大さじ1

冷凍うどん×1玉　水菜×適量　にら×½束

豚ひき肉　　卵　　　焼きのり　　小ねぎ
×80g　　　×1個　　×適量　　　×適量

汁物 にら玉スープ→P87

作り方

① 水菜、にらは食べやすい大きさに切る。

② フライパンにごま油を熱し、
ひき肉を入れてほぐしながら炒め、
色が変わったらⒶを加えてさっと炒める。

③ 冷凍うどんは電子レンジで
3分30秒加熱し、Ⓑを絡める。

④ 器に③を盛り、②をのせる。
①、ちぎった焼きのり、小ねぎを盛りつけて
中央に卵黄（※）をのせ、白すりごまをふる。

※残った卵白は「卵白のねぎ焼き」（→P87）
で使うため、取っておきましょう。

Point

辛いのが好きな人はコチュジャン
の量を増やして調整してください。

2日目 にら玉オイスターソース を作ろう！

> 甘辛ダレが
> やみつきになること
> 間違いなし！

材料（1人分）

卵 … 2個

A
- 水 … 50mℓ
- 白だし … 小さじ1
- 塩・こしょう … 各少々

にら … ½束

B
- 水 … 大さじ2
- オイスターソース … 大さじ1
- 砂糖・しょうゆ … 各小さじ1
- 片栗粉 … 小さじ2

ごま油 … 大さじ1

卵×2個　　にら×½束

作り方

① ボウルに卵を溶きほぐし、Aを加える。

② にらはざく切りにする。

③ 耐熱ボウルにBを入れて混ぜる。
ラップをせずに電子レンジで30秒加熱して
よく混ぜ、さらに30秒加熱して混ぜる。

④ フライパンにごま油を熱し、①を入れて
強火で大きく混ぜながら炒め、にらを加えて
さっと炒める。器に盛り、③をかける。

Point

ソースはレンチンで作ることで
簡単で時短になります。

3日目 豆腐ののり巻き を作ろう！

材料（1人分）

木綿豆腐 … 1丁
焼きのり（半切りサイズ）… 1枚
水菜 … 適量
片栗粉 … 適量
Ⓐ ┌ 砂糖・めんつゆ（3倍濃縮）・みりん
　 └ … 各大さじ1
サラダ油 … 大さじ1

木綿豆腐
×1丁

焼きのり
×1枚

水菜
×適量

Point

豆腐はこんがりと焼き色をつけることで香ばしく仕上がります。

作り方

① のりは6等分に切る。
水菜は食べやすい大きさに切る。

② 豆腐は軽く水きりをして6等分に切る。
片栗粉をまぶし、のりを巻く。

③ フライパンにサラダ油を熱し、②を入れて
両面をこんがりと焼き色がつくまで焼く。

④ Ⓐを加え、豆腐に味がしみ込むように煮絡める。
器に盛り、水菜を添える。

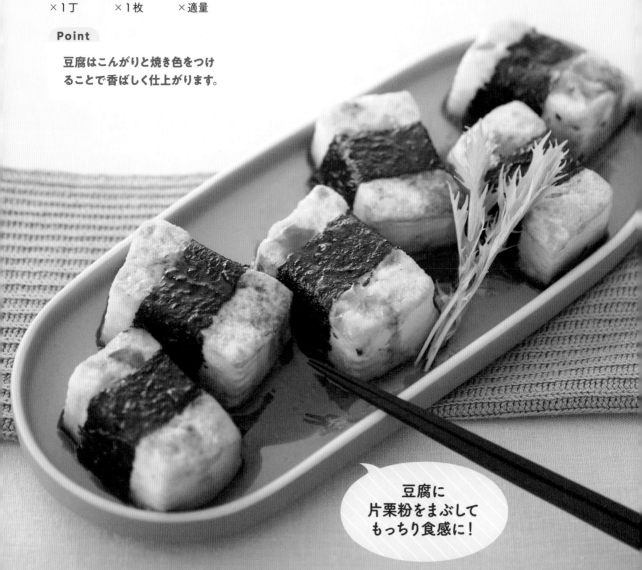

豆腐に
片栗粉をまぶして
もっちり食感に！

4日目 お魚ハンバーグ を作ろう！

多めに作っておいて
次の日のお昼
ごはんにしても！

材料（4個分）

さば缶（水煮）… 1缶
青じそ … 3枚
玉ねぎ … ½個
卵 … 1個
木綿豆腐 … 1丁
Ⓐ ［パン粉・片栗粉 … 各大さじ3
　みそ … 大さじ1と½
ポン酢しょうゆ … 適量
サラダ油 … 大さじ1

作り方

① さばは汁けをきる。青じそはせん切りにし、
玉ねぎはみじん切りにする。卵は溶きほぐす。
豆腐はペーパータオルで包み、
電子レンジで3分加熱して水きりをする。

② ボウルにさば、玉ねぎ、溶き卵、豆腐、
Ⓐを入れてよく練り合わせる。
4等分にして小判形に成形する。

③ フライパンにサラダ油を熱し、②を入れて
両面をこんがりと焼き色がつくまで焼く。
器に盛り、青じそをのせてポン酢しょうゆをかける。

さば缶（水煮）
×1缶

青じそ
×3枚

玉ねぎ
×½個

卵×1個

木綿豆腐
×1丁

Point

みそを加えると、さばの魚臭
さを消すことができます。

余りがちな青じそを
たっぷりのせて
消費して！

5日目 青じそたっぷり 和風ツナパスタ を作ろう！

材料（1人分）

パスタ … 80g
青じそ … 7枚
水菜 … 適量
ツナ缶（水煮）… 1缶

A
水 … 200mℓ
白だし … 大さじ1
しょうゆ … 小さじ1

パスタ×80g

青じそ×7枚

水菜×適量

ツナ缶（水煮）×1缶

作り方

① 青じそはせん切りにし、水菜はざく切りにする。

② 耐熱ボウルにパスタを半分に折って入れ、
ツナ（缶汁ごと）、Aを加える。

③ ふんわりとラップをして電子レンジで8分加熱する。
一度取り出してよく混ぜ、
ふんわりとラップをしてさらに4分加熱する。

④ 水菜を加えて混ぜ、器に盛る。青じそをのせる。

Point

水菜はレンチン後に加えることで、シャ
キッとした食感を残すことができます。

6日目 **2色そぼろ丼** を作ろう！

> これ一品で
> 彩りもきれいで
> 食卓が華やかに！

材料（1人分）

ごはん … 丼1杯分
卵 … 2個
Ⓐ 酒・砂糖 … 各小さじ2
　 白だし … 小さじ1
水菜 … 適量
豚ひき肉 … 80g
Ⓑ 白だし・酒・みりん … 各大さじ1
　 しょうゆ … 小さじ1
サラダ油 … 大さじ1

卵
×2個

水菜
×適量

豚ひき肉
×80g

作り方

① 卵は溶きほぐしてⒶを加える。
水菜は食べやすい大きさに切る。

② フライパンにサラダ油小さじ2を熱し、
溶き卵を入れて炒り卵を作る。
器にごはんを盛り、片側に炒り卵をのせる。

③ 同じフライパンに残りのサラダ油を熱し、
ひき肉を入れてほぐしながら炒める。
色が変わったらⒷを加え、味がなじむように軽く
煮詰める。炒り卵の反対側にのせ、水菜を添える。

Point

そぼろの煮汁が少し残る程度に
煮ることで、煮汁がごはんにし
み込んでおいしくなります。

鶏むね肉の白だし風から揚げ を作ろう！

ふわ〜っと
白だしの香りが
口に広がる！

材料（1人分）

鶏むね肉…1枚

Ⓐ [白だし・酒…各大さじ1
おろししょうが・おろしにんにく…各適量]

片栗粉…大さじ3

水菜…適量

サラダ油…大さじ4

鶏むね肉　　　水菜
×1枚　　　　　×適量

作り方

① 鶏肉はそぎ切りにし、Ⓐを揉み込む。
片栗粉を加え、粉が残る程度に軽く混ぜる。

② 水菜は食べやすい大きさに切る。

③ フライパンにサラダ油を熱し、①を入れて
こんがりと焼き色がついたら裏返し、3〜4分
揚げ焼きにする。器に盛り、②を添える。

Point

衣の片栗粉の粒が軽く残っている方がカリッ
と揚がるので、混ぜすぎないようにします。

水菜のみそ汁

材料と作り方（2人分）

① 鍋にだし汁（400mℓ）を入れて火にかけ、沸騰したら水菜（適量→ざく切り）を入れる。

② 水菜に火が通ったら、みそ（大さじ2）を溶き入れ、ひと煮立ちさせる。

にら玉スープ

材料と作り方（2人分）

① 鍋に水（400mℓ）を入れて火にかけ、沸騰したらにら（6本→2cm幅に切る）、顆粒鶏がらスープの素（小さじ2）を加える。

② 水溶き片栗粉（水大さじ2＋片栗粉大さじ1）を加えてとろみをつける。塩・粗びき黒こしょう（各適量）で味を調える。

卵白のねぎ焼き

材料と作り方（2人分）

① フライパンにサラダ油（適量）を熱し、卵白（1個分）を入れ、かたまってきたら小ねぎ（適量）を散らして包むように形を整える。器に盛り、しょうゆ（適量）をかける。

水菜のチーズのり巻き

材料と作り方（2人分）

① 水菜（1株→7〜8cmに切る）を¼量ずつに分け、それぞれにスライスチーズ（2枚→半分に切る）、焼きのり（適量）を巻く。

8週目

\行ってみよー！/

買い物リスト

豚こま切れ肉 … 約160g	¥250
豚ひき肉 … 約240g	¥305
ししゃも … 5尾	¥258
ホールコーン缶 … 1缶（150g）	¥139
じゃがいも … 3個	¥170
玉ねぎ … 2個	¥84×2
長ねぎ … 1本	¥106
にんじん … 1本	¥62
にんにく … 1玉	¥106
ピーマン … 5個	¥138
木綿豆腐 … 1丁	¥40

¥1,742 （税込）

今回使う常備食材

- ・米
- ・乾燥わかめ
- ・パセリ
- ・トマトケチャップ
- ・ウスターソース
- ・オイスターソース
- ・豆板醤
- ・焼き肉のタレ
- ・砂糖
- ・塩　・酢
- ・しょうゆ
- ・めんつゆ　・酒

- ・みりん　・みそ
- ・白だし
- ・顆粒鶏がらスープの素
- ・顆粒コンソメ
- ・だし汁
- ・パン粉　・片栗粉
- ・こしょう
- ・粗びき黒こしょう
- ・粉チーズ
- ・マヨネーズ
- ・バター
- ・オリーブ油
- ・サラダ油
- ・ごま油

まずは ペッパーライス を作りたい！

今週はにんにくをたっぷり使ったペッパーライスから作りましょう！ コーンはメインにも彩りアップにも使えるのでおすすめ。ごはんが進むレシピや、ワンプレートレシピをぜひお試しあれ！

1日目

ペッパーライス

豚こま切れ肉残り80gはラップをして冷凍庫へ

 ×½個　 ×3かけ　 ×80g　 ×¼缶　 ×適量

7週目の残り

 2日目

豆腐の麻婆あんかけ

豚ひき肉残り160gは
80gずつラップをして冷凍庫へ

 ×1丁　 ×1個　 ×½本　 ×1かけ　 ×80g

3日目

マヨコーンドリア

 ×½個　 ×½缶

 4日目

ピーマンの肉詰め

 ×3個　 ×80g　 ×½個

5日目

じゃがいものピリ辛炒め

 ×3個　 ×½個　 ×2かけ　 ×80g

6日目

ししゃもの南蛮漬け

 ×5尾　 ×½本　 ×1個　 ×½個

7日目

コーン入り豚ねぎ塩うどん

 ×1玉　 ×½本　7週目の残り　 ×80g　 ×¼缶

冷蔵庫残り

 冷凍うどん×1玉　 にんじん×½本

ししゃもを購入！
魚は割引シールが貼られた
タイミングを狙って
取り入れてるよ！

89

ペッパーライス を作ろう！

一度食べたら
止まらない
おいしさ！

材料（1人分）

ごはん … 茶碗1杯分
玉ねぎ … ½個
にんにく … 3かけ
豚こま切れ肉 … 80g

Ⓐ
焼き肉のタレ・みりん … 各大さじ1
しょうゆ … 小さじ1
塩・こしょう … 各少々

ホールコーン缶 … ¼缶
小ねぎ・粗びき黒こしょう … 各適量
サラダ油・バター … 各大さじ1

作り方

① 玉ねぎ、にんにくは薄切りにする。

② フライパンにサラダ油を熱し、
にんにく、玉ねぎ、豚肉を入れて炒め、
豚肉に火が通ったらⒶを加える。

③ 器にごはんを盛り、②をのせる。
コーン、小ねぎを散らし、
粗びき黒こしょうをふってバターをのせる。

| 玉ねぎ ×½個 | にんにく ×3かけ | 豚こま切れ肉 ×80g | ホールコーン 缶×¼缶 | 小ねぎ ×適量 |

Point

玉ねぎはシャキシャキ感を
残すために、炒めすぎな
いようにしましょう。

汁物 じゃがいもとわかめのみそ汁→P97

2日目

豆腐の麻婆あんかけ
を作ろう！

焼いた豆腐に
麻婆あんをかけた
新感覚中華！

材料（1人分）

木綿豆腐 … 1丁
片栗粉 … 適量
ピーマン … 1個
長ねぎ … ½本
にんにく … 1かけ
豚ひき肉 … 80g
Ⓐ [水 … 100㎖
オイスターソース・酒 … 各大さじ1
豆板醤・しょうゆ … 各小さじ1]
水溶き片栗粉 … 水大さじ2＋片栗粉大さじ1
サラダ油・ごま油 … 各大さじ1

木綿豆腐
×1丁

ピーマン
×1個

長ねぎ
×½本

にんにく
×1かけ

豚ひき肉
×80g

作り方

① 豆腐は水きりをし、横4等分の1cm厚さに切って
片栗粉をまぶす。ピーマンは乱切りにし、
長ねぎ、にんにくはみじん切りにする。

② フライパンにサラダ油を熱し、豆腐を入れて
両面こんがりと焼き色がつくまで焼き、器に盛る。

③ 同じフライパンにごま油を熱し、
にんにく、ひき肉を入れてほぐしながら炒める。
ひき肉の色が変わったらピーマン、Ⓐを加え、
煮立ったら水溶き片栗粉を加えてとろみをつけ、
長ねぎを加え、②にかける。

Point

豆腐に片栗粉をまぶすことで麻婆あん
が絡みやすくなり、ボリュームも出ます。

マヨネーズと
コーンの間違いない
組み合わせ！

3日目 マヨコーンドリア を作ろう！

材料（1人分）

ごはん … 茶碗1杯分強
玉ねぎ … ½個
顆粒コンソメ … 小さじ1
塩・こしょう … 各適量
ホールコーン缶 … ½缶
マヨネーズ … 大さじ3
粉チーズ … 大さじ1
オリーブ油 … 小さじ1
パセリ … 適量

作り方

① 玉ねぎはみじん切りにする。

② グラタン皿に玉ねぎ、オリーブ油を入れ、
ふんわりとラップをして電子レンジで2分加熱する。
ごはん、顆粒コンソメ、塩、こしょうを加えてよく混ぜ、
ふんわりとラップをしてさらに2分加熱する。

③ コーンとマヨネーズ、塩、こしょうを混ぜ、
②にかける。粉チーズをかけてオーブントースターで
焼き色がつくまで焼き、パセリをふる。

玉ねぎ
×½個

ホールコーン缶
×½缶

Point

フライパンなどを使わないので、
洗い物が少なく簡単にできます。

4日目 ピーマンの肉詰め を作ろう！

蒸し焼きにして
ふっくら
ジューシー！

材料（1人分）

ピーマン … 3個
豚ひき肉 … 80g
玉ねぎ … ½個

Ⓐ
- パン粉 … 大さじ2
- マヨネーズ … 大さじ1
- こしょう … 少々

片栗粉 … 適量
水 … 50mℓ

Ⓑ
- トマトケチャップ … 大さじ2
- ウスターソース … 大さじ1

サラダ油 … 大さじ1
粉チーズ … 適量

ピーマン
×3個

豚ひき肉
×80g

玉ねぎ
×½個

作り方

① 玉ねぎはみじん切りにする。ボウルにひき肉、玉ねぎ、Ⓐを入れてよく混ぜ、6等分にする。

② ピーマンは半分に切ってへたと種を取り除く。内側に片栗粉をまぶし、①の肉だねを詰める。これを6個作る。

③ フライパンにサラダ油を熱し、②を肉だねを下にして入れ、焼き色がつくまで焼く。裏返して水を加え、蓋をして3〜4分蒸し焼きにし、器に盛る。

④ 同じフライパンにⒷを入れてさっと煮詰め、③にかけ、粉チーズをふる。

Point

ピーマンの食感が残るように、火を通しすぎないようにしましょう。

93

じゃがいもがホクホク！
蒸し煮にしてうま味を
閉じこめて！

5日目

じゃがいものピリ辛炒め

を作ろう！

材料（1人分）

じゃがいも … 3個
玉ねぎ … ½個
にんにく … 2かけ
豚ひき肉 … 80g

A
- 水 … 50㎖
- めんつゆ（3倍濃縮）… 大さじ2
- 酒 … 大さじ1
- 豆板醤・砂糖 … 各小さじ1

ごま油 … 大さじ1

作り方

① じゃがいもは皮をむいて6等分のくし形切りにし、
ラップに包んで電子レンジで6分加熱する。

② 玉ねぎはくし形切りにし、
にんにくはみじん切りにする。

③ フライパンにごま油を熱し、
にんにく、ひき肉、玉ねぎの順に入れて
ほぐしながら炒める。

④ ひき肉の色が変わったらじゃがいも、
Aを加え、蓋をして3～4分蒸し煮にする。

Point

じゃがいもに味がなじむように
蓋をしてゆっくり蒸し煮にします。

じゃがいも
×3個

玉ねぎ
×½個

にんにく
×2かけ

豚ひき肉
×80g

材料（1人分）

ししゃも … 5尾
にんじん … ½本
ピーマン … 1個
玉ねぎ … ½個
塩 … 少々
乾燥わかめ … 大さじ2

Ⓐ
酢 … 大さじ3
砂糖・白だし … 各大さじ1
しょうゆ … 小さじ1

ししゃも ×5尾　　にんじん ×½本　　ピーマン ×1個　　玉ねぎ ×½個

作り方

① にんじん、ピーマンはせん切りにする。
玉ねぎは薄切りにし、塩をふって5分ほどおき、
水にさらして水けを絞る。
わかめは熱湯につけて戻す。

② ボウルに①を入れ、Ⓐを加えて和える。

③ ししゃもはオーブントースターで4〜5分焼く。
器に盛り、②の野菜を漬け汁ごとかける。

Point

ししゃもに味がなじむように、
漬け汁をたっぷりかけましょう。

ししゃもが余ったら
朝ごはんで焼いて
食べよう！

6日目 ししゃもの南蛮漬け を作ろう！

ねぎと
コーンの甘みが
感じられる一品!

7日目 コーン入り豚ねぎ
塩うどん を作ろう!

材料(1人分)

冷凍うどん … 1玉
長ねぎ … ½本
Ⓐ［ 水 … 200㎖
　 顆粒鶏がらスープの素 … 小さじ2
　 しょうゆ … 小さじ½
　 塩 … 少々 ］
豚こま切れ肉 … 80g
ホールコーン缶 … ¼缶

作り方

① 長ねぎは3㎝幅の斜め切りにする。
耐熱ボウルに冷凍うどん、Ⓐを入れ、
ふんわりとラップをして電子レンジで5分加熱する。

② 一度取り出してよく混ぜ、豚肉をのせてひと混ぜし、
ふんわりとラップをしてさらに3分加熱する。

③ 再び取り出して混ぜ、長ねぎ、コーンを加えて
ふんわりとラップをし、さらに2分加熱する。

冷凍うどん
×1玉

長ねぎ
×½本

豚こま切れ肉
×80g

ホールコーン
缶×¼缶

Point

豚肉をうどんの上にのせてレンチンすると豚肉がかたくなるので、ひと混ぜします。

じゃがいもと わかめのみそ汁

材料と作り方（2人分）

① 鍋にだし汁（400㎖）を入れて火にかけ、沸騰したらじゃがいも（1個→いちょう切り）を加える。

② じゃがいもに火が通ったら乾燥わかめ（小さじ1〜2）を加え、みそ（大さじ2）を溶き入れてひと煮立ちさせる。

せん切りピーマンの スープ

材料と作り方（2人分）

① 鍋にごま油（小さじ1）を熱し、ピーマン（1個→せん切り）を入れてさっと炒める。

② 水（400㎖）を加え、沸騰したら顆粒鶏がらスープの素（小さじ2）、オイスターソース（小さじ1）を加える。

バターコーン

材料と作り方（2人分）

① 耐熱の器にホールコーン（½缶）を入れ、ふんわりとラップをして電子レンジで2分加熱する。バター（小さじ1）をのせて粗びき黒こしょう（適量）をふる。

シンプルポテトサラダ

材料と作り方（2人分）

① じゃがいも（1個）はペーパータオルで包んで全体を水で濡らし、ラップで包む。電子レンジで3分加熱し、皮をむいてフォークでつぶす。

② 玉ねぎ（¼個→薄切り）は塩をふって5分ほどおき、水にさらして水けを絞る。

③ ボウルに①、②、マヨネーズ（大さじ2）、酢（小さじ2）、塩・こしょう（各適量）を入れて和える。器に盛り、パセリ・粗びき黒こしょう（各適量）をふる。

9週目

＼ 行ってみよー！ ／

買い物リスト

豚こま切れ肉 … 約160g		¥250
豚ひき肉 … 約240g		¥305
塩鮭 … 1切れ		¥265
青じそ … 10枚		¥96
カットトマト缶 … 1缶		¥117
大根 … ½本		¥73
玉ねぎ … 1個		¥84
もやし … 1袋		¥42
しめじ … 1袋		¥106
厚揚げ … 1袋		¥117
餃子の皮 … 1袋（20枚）		¥106

¥1,561 （税込）

今回使う常備食材

- ・米
- ・おろししょうが
- ・おろしにんにく
- ・白すりごま
- ・パセリ
- ・トマトケチャップ
- ・砂糖　・塩
- ・しょうゆ
- ・めんつゆ
- ・みりん　・みそ
- ・白だし
- ・だしパック

- ・顆粒鶏がらスープの素
- ・顆粒コンソメ
- ・だし汁
- ・スライスチーズ
- ・粉チーズ
- ・パン粉
- ・小麦粉
- ・片栗粉
- ・こしょう
- ・粗びき黒こしょう
- ・マヨネーズ
- ・オリーブ油
- ・サラダ油
- ・ごま油

まずは 鮭のパン粉焼き を作りたい！

週初めはお魚料理からスタート！ 餃子の皮は餃子だけではなく、ラザニア風にアレンジして使い回しましょう。うどんがまだ余っていたらここで使いきりレシピを活用してみて！

1日目　鮭のパン粉焼き

  ×1切れ

2日目　もやしのつくね

豚ひき肉残り160gは80gずつラップをして冷凍庫へ

 ×80g ×½袋

3日目　厚揚げの野菜あんかけ大根おろし添え

 ×1袋 ×½本 ×½袋 ×¼本 ×½袋

8週目の残り

4日目　青じそ棒餃子

豚こま切れ肉残り80gはラップをして冷凍庫へ

 ×10枚 ×80g ×10枚

5日目　餃子の皮のラザニア

 ×10枚 ×½個 ×80g ×½缶

6日目　トマトチーズうどん

 ×1玉 ×80g ×½個 ×½缶

8週目の残り

7日目　大根の豚みそそぼろごはん

 ×¼本 ×80g ×適量

余りがちな餃子の皮も
アレンジレシピで
使いきろう！

冷蔵庫残り

しめじ … ½袋

Memo
しめじはほぐして冷凍用保存袋や保存容器に入れ、冷凍しておけば3週間ほど日持ちします！栄養価も高まるよ！

1日目 鮭のパン粉焼き を作ろう！

にんにくパン粉を
パンに塗って焼いて
ガーリックトースト
にしても！

材料（1人分）

塩鮭 … 1切れ

Ⓐ ┌ パン粉 … 大さじ1
  │ オリーブ油 … 小さじ2
  └ おろしにんにく … 少々

マヨネーズ … 大さじ3
サラダ油・粗びき黒こしょう … 各適量
グリーンカール … 適宜

塩鮭×1切れ

汁物　もやしのみそ汁→P107

作り方

1 Ⓐは混ぜ合わせる。

2 天板にアルミホイルをしき、
サラダ油を塗って鮭をのせる。

3 鮭にマヨネーズ、Ⓐを順にかける。
オーブントースターで焼き色がつくまで
4〜5分焼く。器に盛って粗びき黒こしょうをふり、
好みでグリーンカールを添える。

Point

アルミホイルにサラダ油を塗ると
鮭がくっつきにくくなります。

もやしでかさ増し！
タレがよく絡んで
おいしい！

2日目 もやしのつくね を作ろう！

材料（1人分）

豚ひき肉 … 80g
もやし … ½袋
Ⓐ［みそ・片栗粉 … 各大さじ1
Ⓑ［水 … 100mℓ
　　めんつゆ（3倍濃縮）… 大さじ2
　　片栗粉 … 大さじ1
　　おろししょうが … 少々
サラダ油 … 大さじ1
グリーンカール … 適宜

豚ひき肉
×80g

もやし
×½袋

作り方

① ボウルにひき肉、もやしを入れて
もやしを折りながら練るように混ぜる。
Ⓐを加えてよく混ぜ、5等分にして俵形に成形する。

② Ⓑは混ぜ合わせる。

③ フライパンにサラダ油を熱し、①を入れて
両面こんがりと焼き色がつくまで焼く。

④ Ⓑを加え、とろみがついたらつくねに絡める。
器に盛り、好みでグリーンカールを添える。

Point

もやしは刻まずにポキポキと折りな
がら混ぜることで、食感が残ります。

材料（1人分）

厚揚げ … 1袋
にんじん … ½本
しめじ … ½袋
大根 … ¼本

Ⓐ
水 … 200㎖
めんつゆ（3倍濃縮）・
みりん … 各大さじ1

だしパック … 1個
もやし … ½袋
水溶き片栗粉 …
　水大さじ2＋
　片栗粉大さじ1
ごま油 … 大さじ1

厚揚げ×1袋

にんじん
×½本

しめじ
×½袋

大根
×¼本

もやし
×½袋

作り方

① にんじんはせん切りにし、しめじはほぐす。
大根はすりおろす。

② 厚揚げは2㎝幅に切り、
フライパンでこんがりと焼いて器に盛る。

③ フライパンにごま油を熱し、にんじん、しめじを
入れて野菜がしんなりするまで炒める。
Ⓐ、だしパックを加え、沸騰したら2～3分煮る。
だしパックを取り出してもやしを加え、
水溶き片栗粉でとろみをつける。

④ ②の中央に③を盛り、厚揚げに大根をのせる。

副菜 大根のサラダ→P107

Point

もやしの食感が残るように、片栗粉で
とろみをつけたらすぐに火を止めます。

盛りつけも
工夫してかわいく、
華やかに！

3日目

厚揚げの野菜あんかけ
大根おろし添え を作ろう！

包まないので簡単！
青じそで
さわやかに！

4日目 青じそ棒餃子 を作ろう！

材料（1人分）

餃子の皮 … 10枚
豚こま切れ肉 … 80g
Ⓐ ［ 片栗粉 … 大さじ1
しょうゆ・ごま油 … 各小さじ1
こしょう … 少々 ］
青じそ … 10枚
水 … 50mℓ
サラダ油 … 大さじ1

餃子の皮
×10枚

豚こま切れ肉
×80g

青じそ
×10枚

作り方

① 豚肉は粗く刻んでⒶを揉み込み、10等分にする。

② 餃子の皮1枚に青じそ1枚を広げ、その上に①をのせる。餃子の皮のふちに水（分量外）をつけ、棒状に包む。これを10個作る。

③ フライパンにサラダ油を熱して②を入れ、両面をこんがりと焼く。水を加えて蓋をし、水分がなくなるまで3〜4分蒸し焼きにする。

Point

餃子の皮に肉だねをのせるときは
細長くのせると包みやすいです。

103

難しそうな
ラザニアも餃子の皮で
お手軽に！

5日目 餃子の皮のラザニア を作ろう！

材料（1人分）

餃子の皮 … 10枚
玉ねぎ … ½個
スライスチーズ … 1枚
豚ひき肉 … 80g
Ⓐ[小麦粉・オリーブ油 … 各大さじ1
   塩・こしょう … 各少々
Ⓑ[カットトマト缶 … ½缶
   トマトケチャップ … 大さじ2
パセリ … 適量

餃子の皮
×10枚

玉ねぎ
×½個

豚ひき肉
×80g

カットトマト
缶×½缶

汁物 | しめじのコンソメスープ→P107

作り方

① 玉ねぎはみじん切りにする。餃子の皮は
半分に切り、スライスチーズはちぎる。

② ボウルにひき肉、玉ねぎ、Ⓐを入れてよく混ぜ、
ふんわりとラップをして電子レンジで
3分加熱する。Ⓑを加えてよく混ぜ、
ふんわりとラップをしてさらに6分加熱する。

③ グラタン皿に②を⅓量入れて平らにならし、
餃子の皮を半量少しずらして並べる。
さらに②を½量加え、残りの餃子の皮を並べる。
最後に残りの②をかけ、スライスチーズをのせる。

④ オーブントースターで焼き色がつくまで焼き、
パセリをふる。

Point

餃子の皮がくっつかないように、
少しずらして並べます。

トマトとチーズの
相性抜群！

6日目 トマトチーズうどん を作ろう！

材料（1人分）

冷凍うどん … 1玉
豚こま切れ肉 … 80g

A
オリーブ油 … 小さじ2
塩・こしょう・おろしにんにく … 各少々

玉ねぎ … ½個
スライスチーズ … 1枚

B
水 … 200㎖
カットトマト缶 … ½缶
トマトケチャップ … 大さじ1
顆粒鶏がらスープの素・顆粒コンソメ
　… 各小さじ1

パセリ … 適量

冷凍うどん
×1玉

豚こま切れ肉
×80g

玉ねぎ
×½個

カットトマト
缶×½缶

作り方

① 豚肉は粗く刻み、**A**を揉み込む。
玉ねぎは薄切にする。
スライスチーズはちぎる。

② 耐熱皿に冷凍うどん、玉ねぎ、豚肉をのせ、
Bを加える。ふんわりとラップをして
電子レンジで8分加熱し、よく混ぜる。

③ スライスチーズをのせ、
ふんわりとラップをする。
チーズが溶けるまでさらに1分加熱し、
パセリをふる。

Point

耐熱皿のまま調理をするので、簡
単に作れてそのまま食べられます。

豚肉とみその
うま味が大根に
しみ込んで絶品！

7日目 大根の豚みそそぼろごはん を作ろう！

材料（1人分）

ごはん … 茶碗1杯分
大根 … ¼本
だしパック … 1個
水 … 200㎖
Ⓐ［砂糖・みりん・みそ・白だし … 各大さじ1
豚ひき肉 … 80g
白すりごま・おろししょうが・小ねぎ … 各適量

作り方

① 大根は1cm厚さのいちょう切りにして
ラップで包み、電子レンジで3分加熱する。

② フライパンに大根、だしパック、水を入れて
火にかける。沸騰したらⒶを加えて、
3〜4分煮る。だしパックを取り出し、
水けが少なくなるまで煮る。

③ ひき肉を加え、味がなじむように
菜箸でそぼろ状になるまでかき混ぜる。

④ 器にごはんと③を盛る。白すりごまをふり、
おろししょうがと小ねぎをのせる。

大根
×¼本

豚ひき肉
×80g

小ねぎ
×適量

Point

大根はレンチンしてから煮ること
で味がしみ込みやすくなります。

もやしのみそ汁

材料と作り方（2人分）

① 鍋にだし汁（400mℓ）を入れて火にかけ、沸騰したらもやし（⅓袋）を入れる。

② もやしに火が通ったら、みそ（大さじ2）を溶き入れてひと煮立ちさせる。器に盛り、小ねぎ（適量）を散らす。

しめじのコンソメスープ

材料と作り方（2人分）

① 鍋に水（400mℓ）を入れて火にかけ、沸騰したらしめじ（⅓袋→ほぐす）を加える。

② しめじに火が通ったら顆粒コンソメ（小さじ2）を加え、塩・こしょう（各適量）で味を調える。器に盛り、パセリ（適量）をふる。

大根の
サラダ

材料と作り方（2人分）

① 大根（5cm→せん切り）は水にさらして水けをきる。

② 器に盛り、オリーブ油（適量）をかけ、粉チーズ・パセリ（各適量）をふる。

玉ねぎのソテー
簡単トマトソース

材料と作り方（2人分）

① カットトマト缶（大さじ4）、オリーブ油（小さじ1）、塩・こしょう（各適量）を混ぜ合わせ、電子レンジで20〜30秒加熱する。

② 玉ねぎ（½個→半月切り）はバラバラにならないように爪楊枝を刺す。フライパンにオリーブ油（適量）を熱し、玉ねぎを入れて両面をこんがりと焼く。器に盛り、①をかけてパセリ（適量）をふる。

10週目

\ 行ってみよー！ /

買い物リスト

豚こま切れ肉 … 約160g	¥250
豚ひき肉 … 約320g	¥376
鶏むね肉 … 1枚	¥220
ベーコン（ハーフサイズ）… 2パック	
（計8枚入り）	¥193
ちくわ … 1パック（4本入り）	¥116
玉ねぎ … 2個	¥84×2
にんじん … 1本	¥62
えのき … 1袋	¥62
しいたけ … 6個	¥116
さつまいも … 2本	¥322
牛乳 … 200ml	¥117

¥2,002 (税込)

今回使う常備食材

- 乾燥わかめ
- おろししょうが
- おろしにんにく
- 黒いりごま
- パセリ
- トマトケチャップ
- 砂糖
- 塩
- 酢
- しょうゆ
- めんつゆ
- みりん
- みそ
- 白だし
- ポン酢しょうゆ
- 顆粒コンソメ
- だし汁
- 粉チーズ
- パン粉
- 小麦粉
- 片栗粉
- こしょう
- 粗びき黒こしょう
- マヨネーズ
- バター
- オリーブ油
- サラダ油

まずは ちくわの肉巻き を作りたい！

今週はちくわを1袋使った肉巻きからスタート！ ひき肉はたくさん手に入ったら肉詰めや、ハンバーグのアレンジレシピで使ってみて。にんじんやさつまいもは彩りがきれいなので食卓も華やかに！

1 日目 ちくわの肉巻き

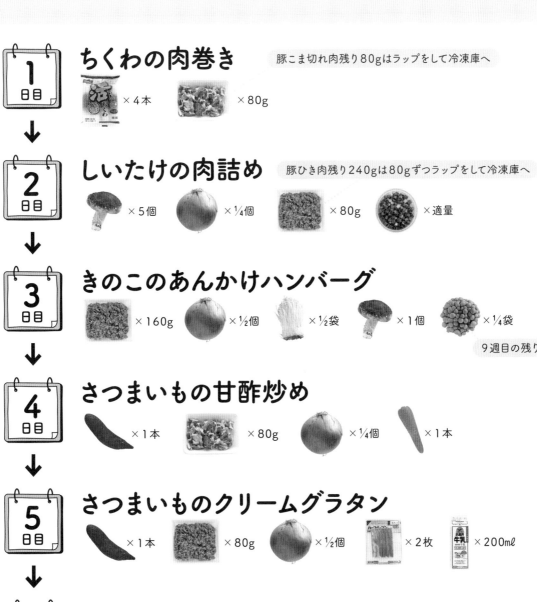

豚こま切れ肉残り80gはラップをして冷凍庫へ

×4本　　×80g

↓

2 日目 しいたけの肉詰め

豚ひき肉残り240gは80gずつラップをして冷凍庫へ

×5個　　×¼個　　×80g　　×適量

↓

3 日目 きのこのあんかけハンバーグ

×160g　　×½個　　×½袋　　×1個　　×¼袋

9週目の残り

↓

4 日目 さつまいもの甘酢炒め

×1本　　×80g　　×¼個　　×1本

↓

5 日目 さつまいものクリームグラタン

×1本　　×80g　　×½個　　×2枚　　×200㎖

↓

6 日目 きのこナポリタン

×80g　　×½個　　×½袋　　×¼袋　　×2枚

9週目の残り

↓

7 日目 鶏むね肉ステーキガーリック風味ソース

×1枚

冷蔵庫残り

ベーコン×1パック

Memo
ラップに包んで冷凍しておくと1ヶ月ほど日持ちするよ！

さつまいもやきのこを使った秋を感じる週！旬の時期に買うと安く抑えられるよ！

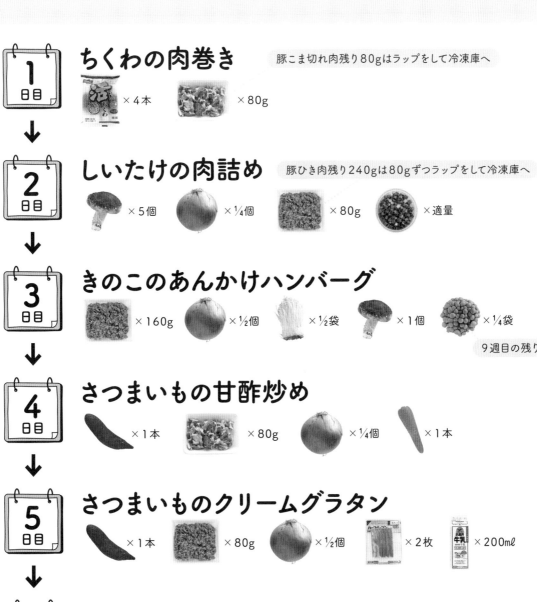

豚肉に片栗粉を
ふることでちくわに
しっかり巻きつくよ！

1日目 ちくわの肉巻き を作ろう！

材料（1人分）

ちくわ…4本
豚こま切れ肉…80g
塩・こしょう…各適量
片栗粉…適量
Ⓐ[砂糖・しょうゆ・みりん…各大さじ1
サラダ油…大さじ1
おろししょうが…適量

ちくわ
×4本

豚こま切れ肉
×80g

汁物 しいたけのみそ汁→P117

作り方

①　ちくわは長さを半分に切る。

②　豚肉をまな板に広げ、塩、こしょうをふって
片栗粉をまぶし、ちくわに巻きつける。

③　フライパンにサラダ油を熱し、
②を入れて転がしながら全体を焼く。

④　色が変わったらⒶを加え、ちくわに味がしみ込む
ように煮絡める。器に盛り、おろししょうがをのせる。

Point

肉巻きを焼くときは、巻き終わ
りを下にして入れましょう。

しいたけの軸も
細かく刻んで
入れよう！

2日目 しいたけの肉詰め を作ろう！

材料（1人分）

しいたけ … 5個
玉ねぎ … ¼個
豚ひき肉 … 80g
A ［ 片栗粉 … 大さじ1
白だし … 小さじ1
おろししょうが … 適量 ］
片栗粉 … 適量
B ［ みりん … 大さじ1
砂糖・しょうゆ … 各小さじ1 ］
サラダ油 … 大さじ1
小ねぎ … 適量

作り方

① しいたけは石づきを切り落としてかさと軸に分け、軸は細かく刻む。玉ねぎはみじん切りにする。

② ボウルにひき肉、しいたけの軸、玉ねぎ、**A**を入れてよく混ぜ、5等分にする。

③ しいたけのかさの内側に片栗粉をまぶし、②の肉だねを詰める。これを5個作る。

④ フライパンにサラダ油を熱し、③を肉だねを下にして入れる。焼き色がついたら裏返して**B**を加え、蓋をして3〜4分蒸し焼きにする。器に盛り、小ねぎをのせる。

しいたけ
×5個

玉ねぎ
×¼個

豚ひき肉
×80g

小ねぎ
×適量

Point

しいたけの軸も入れて
使いきりましょう。

副菜 オーオンスライス→P117

3種類の
きのこを使った
ハンバーグバリエ！

3日目

きのこのあんかけハンバーグ
を作ろう！

材料（4個分）

豚ひき肉 … 160g
玉ねぎ … ½個
えのき … ½袋
しいたけ … 1個
しめじ … ¼袋
- Ⓐ
  - 水 … 150mℓ
  - めんつゆ（3倍濃縮）・白だし・
    みりん・片栗粉 … 各大さじ1
- Ⓑ
  - パン粉・マヨネーズ … 各大さじ2
  - 塩・こしょう … 各少々
- サラダ油 … 大さじ1

作り方

① 玉ねぎはみじん切りにする。えのきは半分の
長さに切り、しいたけは薄切りにする。
しめじはほぐす。Ⓐは混ぜ合わせる。

② ボウルにひき肉、玉ねぎ、Ⓑを入れて
よく混ぜ、4等分にして小判形に成形する。

③ フライパンにサラダ油を熱し、
②を入れて焼き色がつくまで焼く。

④ 裏返してえのき、しいたけ、しめじ、Ⓐを加え、
4〜5分煮てとろみをつける。

豚ひき肉
×160g

玉ねぎ
×½個

えのき
×½袋

しいたけ
×1個

しめじ
×¼袋

Point

肉だねにマヨネーズを加えることで
ふんわりと焼き上がります。

さつまいもを
1本丸ごと使った
ボリューム満点
おかず！

4日目 さつまいもの甘酢炒め
を作ろう！

材料（1人分）

さつまいも … 1本
豚こま切れ肉 … 80g
Ⓐ［おろししょうが・塩・こしょう・
　　片栗粉 … 各適量
玉ねぎ … ¼個
にんじん … 1本
Ⓑ［砂糖・しょうゆ・みりん・片栗粉
　　… 各大さじ1
水 … 100㎖
サラダ油 … 大さじ1
黒いりごま … 適量

さつまいも　豚こま切れ肉　玉ねぎ　にんじん
×1本　　　×80g　　　×¼個　　×1本

作り方

① 豚肉にⒶを揉み込む。
玉ねぎはくし形切りにする。
さつまいも、にんじんは乱切りにし、
ラップに包んで電子レンジで5分加熱する。
Ⓑは混ぜ合わせる。

② フライパンにサラダ油を熱し、
豚肉、さつまいも、にんじんを入れて炒める。
さつまいもに火が通ったら、
玉ねぎを加えて強火にし、さっと炒める。

③ 水を加え、沸騰したら弱火にしてⒷを加える。
3〜4分煮てとろみをつける。
器に盛り、黒いりごまをふる。

Point

沸騰したら弱火にしてに絡めるこ
とで味をしっかりしみ込ませます。

材料（1人分）

さつまいも … 1本
玉ねぎ … 1/2個
ベーコン（ハーフサイズ）… 2枚
豚ひき肉 … 80g
小麦粉 … 大さじ2
牛乳 … 200ml
塩・こしょう … 各少々
バター … 大さじ2
粉チーズ・パセリ … 各適量

さつまいも
×1本

玉ねぎ
×1/2個

ベーコン
（ハーフサイズ）
×2枚

豚ひき肉
×80g

牛乳
×200ml

作り方

① さつまいもは7mm厚さの輪切りにする。グラタン皿に並べ、ふんわりとラップをして電子レンジで5分加熱する。

② 玉ねぎはみじん切りにし、ベーコンは短冊切りにする。

③ 耐熱ボウルに玉ねぎ、バターを入れ、ふんわりとラップをして電子レンジで1分加熱する。ひき肉、小麦粉を加えてよく混ぜ、ふんわりとラップをしてさらに2分加熱する。

④ ③に牛乳を加えてよく混ぜ、ふんわりとラップをしてさらに4分加熱する。一度取り出してよく混ぜ、ふんわりとラップをしてさらに4分加熱し、塩、こしょうでで味を調える。

⑤ グラタン皿のさつまいもを一度取り出し、④を流し入れる。さつまいもを並べ、ベーコンをのせて粉チーズをふる。オーブントースターで7〜8分焼き、パセリを散らす。

Point

レンチンしたら、その都度よく全体を混ぜましょう。

さつまいもを
上に並べたら
見た目もかわいく！

5日目 さつまいもの
クリームグラタン を作ろう！

味つけは
レンチンしたあとの
余熱でOK！

6日目 きのこナポリタン を作ろう！

材料（1人分）

パスタ … 80g
玉ねぎ … ½個
えのき … ½袋
しめじ … ¼袋
ベーコン（ハーフサイズ）… 2枚
Ⓐ［ 水 … 200㎖
　 バター … 大さじ1
トマトケチャップ … 大さじ5
塩・こしょう … 各適量
粉チーズ・パセリ … 各適量

作り方

① 玉ねぎは薄切りにする。えのきは半分に切り、しめじはほぐす。ベーコンは短冊切りにする。

② 耐熱ボウルにパスタを半分に折って入れる。玉ねぎ、Ⓐを加え、ふんわりとラップをして電子レンジで8分加熱する。

③ 一度取り出してよく混ぜ、えのき、しめじを加える。再びふんわりとラップをしてさらに4分加熱する。

④ トマトケチャップ、ベーコンを加えて混ぜ、塩、こしょうで味を調える。器に盛り、粉チーズ、パセリをふる。

パスタ
×80g

玉ねぎ
×½個

えのき
×½袋

しめじ
×¼袋

ベーコン
（ハーフサイズ）
×2枚

Point

レンチン後、パスタがかたまらないように全体をよく混ぜましょう。

鶏むね肉ステーキ ガーリック風味ソース を作ろう!

にんにくが効いた
甘辛いソースで
パクパク食べられる!

材料（1人分）

鶏むね肉…1枚
塩・こしょう…各少々
Ⓐ　砂糖・しょうゆ・みりん…各大さじ1
　　おろしにんにく…小さじ1
オリーブ油…大さじ1
粗びき黒こしょう…適量

鶏むね肉×1枚

作り方

① 鶏むね肉は両面にフォークで穴をあけ、塩、こしょうをふる。

② フライパンにオリーブ油を熱し、①を入れる。こんがりと焼き色がついたら裏返し、蓋をして弱めの中火で7〜8分焼く。取り出して食べやすい大きさに切り、器に盛る。

③ 同じフライパンにⒶを入れてひと煮立ちさせ、②にかける。粗びき黒こしょうをふる。

Point

鶏肉はフォークで穴をあけることで味がしみ込みやすくなります。

副菜　キャロットラペ→P117

しいたけの
みそ汁

材料と作り方（2人分）

① 鍋にだし汁（400ml）を入れて火にかけ、沸騰したらしいたけ（3個→薄切り）を入れる。

② みそ（大さじ2）を溶き入れてひと煮立ちしたら、長ねぎ（適量→小口切り）を加える。

さつまいもの
ミルクスープ

材料と作り方（2人分）

① 鍋に牛乳・水（各200ml）を入れて火にかけ、沸騰したらさつまいも（¼本→皮つきのまま薄切り）、玉ねぎ（¼個→薄切り）を加える。

② さつまいもに火が通ったら顆粒コンソメ（小さじ2）を加え、塩（適量）で味を調える。器に盛り、粗びき黒こしょう（適量）をふる。

オニオンスライス

材料と作り方（2人分）

① 玉ねぎ（½個→薄切り）は水にさらして水けをきる。乾燥わかめ（適量）は熱湯につけて戻す。

② 器に玉ねぎを盛り、わかめ、小ねぎ（適量）をのせ、ポン酢しょうゆ（適量）をかける。

キャロットラペ

材料と作り方（2人分）

① にんじん（1本→せん切り）は塩（適量）をふって10分ほどおき、水けをきって器に盛る。

② オリーブ油（大さじ2）、酢（大さじ1）、砂糖（小さじ⅓）、塩・こしょう（各適量）を混ぜ合わせ、①にかける。パセリ（適量）をふる。

11週目

\ 行ってみよー！ /

買い物リスト

豚こま切れ肉 … 約160g	¥250
豚ひき肉 … 約240g	¥305
鶏むね肉 … 1枚	¥220
青じそ … 10枚	¥96
豆苗 … 1袋	¥96
もやし … 2袋	¥42×2
えのき … 1袋	¥62
卵 … 10個	¥247
厚揚げ … 1袋	¥117
木綿豆腐 … 2丁	¥40×2
キムチ … 200g	¥203

¥1,760 （税込）

今回使う常備食材

- 米
- 乾燥わかめ
- おろししょうが
- おろしにんにく
- 白いりごま
- 白すりごま
- 削り節
- トマトケチャップ
- コチュジャン
- 焼き肉のタレ
- 砂糖 ・酢
- しょうゆ
- ポン酢しょうゆ
- めんつゆ
- 酒
- みりん
- みそ
- 白だし
- 顆粒鶏がらスープの素
- だし汁
- スライスチーズ
- 小麦粉
- 片栗粉
- こしょう
- サラダ油
- ごま油

まずは ヤンニョムチキン を作りたい！

今週はヤンニョムチキンやチゲ、チヂミで韓国料理を楽しんで！ ひき肉は厚揚げで挟んだり、つくねにしたりとバリエーション豊かに。豆苗は2回に分けて使ってちょっとした彩りにも！

1日目 ヤンニョムチキン

 ×1枚

2日目 厚揚げの肉詰め

豚ひき肉残り160gはラップをして冷凍庫へ

 ×1袋　 ×½袋　 ×80g　 ×適量

3日目 スンドゥブチゲ

豚こま切れ肉残り80gはラップをして冷凍庫へ

 ×1丁　 ×¼袋　 ×½袋　 ×80g　×100g　×1個

4日目 青じそつくね

 ×160g　 ×½袋　×1個　 ×10枚

5日目 豆腐&のりグラタン

 ×1丁　×1個　 ×4枚　 ×1枚　 ×適量

10週目の残り

6日目 豚肉と野菜のっけごはん

 ×80g　 ×½袋　 ×¾袋　 ×½袋　×1個

7日目 キムチチーズチヂミ

 ×100g　×1個　 ×½袋

豆苗、豆腐、もやしの
最強節約食材を使った
かさ増しレシピは必見です！

冷蔵庫残り

卵×5個

濃厚な甘辛ダレが
鶏肉に絡んで
たまらないおいしさ！

1日目 ヤンニョムチキン を作ろう！

材料（1人分）

鶏むね肉 … 1枚

Ⓐ
- 酒・片栗粉 … 各大さじ1
- おろししょうが・おろしにんにく・
  ごま油 … 各小さじ1

Ⓑ
- 水 … 50㎖
- トマトケチャップ … 大さじ2
- コチュジャン・砂糖 … 各小さじ2
- こしょう … 少々

ごま油 … 大さじ1
白いりごま … 適量
グリーンカール … 適宜

鶏むね肉×1枚

汁物 わかめスープ→P127

作り方

① 鶏肉はそぎ切りにし、Ⓐを揉み込む。
　 Ⓑは混ぜ合わせる。

② フライパンにごま油を熱して鶏肉を入れ、
　 両面をこんがりと焼き色がつくまで焼き、
　 Ⓑを加えて煮絡める。
　 器に盛り、白いりごまをふる。
　 好みでグリーンカールを添える。

Point

Ⓑを加えて煮絡めたら、水分が
残っているうちに火を止めます。

もやしの
シャキシャキ食感が
アクセントに！

2日目 厚揚げの肉詰め を作ろう！

材料（1人分）

厚揚げ … 1袋
片栗粉 … 適量
もやし … ½袋
豚ひき肉 … 80g
　┌ 片栗粉 … 大さじ1
Ⓐ │ みそ・白だし … 各小さじ1
　└ しょうゆ … 少々
サラダ油 … 大さじ1
小ねぎ … 適量

作り方

① 厚揚げは5等分に切り、
切り込みを入れて内側に片栗粉をまぶす。
もやしはみじん切りにする。

② ボウルにひき肉、もやし、Ⓐを入れて
よく混ぜ、5等分にして厚揚げに挟む。

③ フライパンにサラダ油を熱し、②を入れて
蓋をし、中まで火が通るよう弱火で4〜5分
じっくりと焼く。器に盛り、小ねぎを散らす。

厚揚げ
×1袋

もやし
×½袋

豚ひき肉
×80g

小ねぎ
×適量

Point

厚揚げの切り込みが深いと切れて
しまうので浅めに入れましょう。

3日目 スンドゥブチゲ を作ろう!

材料（1人分）

木綿豆腐 … 1丁
豆苗 … ¼袋
えのき … ½袋
豚こま切れ肉 … 80g
水 … 200㎖
キムチ … 100g
Ⓐ ┌ コチュジャン・みそ … 各大さじ1
　└ 顆粒鶏がらスープの素 … 小さじ1
卵 … 1個
ごま油 … 大さじ1
白すりごま … 適量

木綿豆腐×1丁

豆苗×¼袋

えのき×½袋

豚こま切れ肉
×80g

キムチ×100g

卵×1個

作り方

① 豆腐は4㎝幅の3㎝厚さに切る。
豆苗は根元を切り落とす。
えのきは半分の長さに切る。

② フライパンにごま油を熱し、豚肉を入れて
色が変わるまで炒める。水を加え、沸騰したら
キムチ、えのき、Ⓐを加えて3〜4分ほど煮る。

③ 豆腐を加え、4〜5分煮る。
煮汁を少し残して器に盛る。

④ 残りの煮汁に豆苗を入れてさっと煮る。
③に卵、豆苗をのせて白すりごまをふる。

Point

豆腐に味がしみ込むように、時々
鍋を揺すりながら煮ます。

ピリ辛スープで
体の内側から
あたたまる!

青じそでさっぱり！
黄身につけて
食べてね！

4日目 青じそつくね を作ろう！

材料（1人分）

豚ひき肉 … 160g
もやし … ½袋
卵 … 1個
Ⓐ[片栗粉 … 大さじ1
   おろししょうが・白だし・みそ … 各小さじ1]
青じそ … 10枚
片栗粉 … 適量
Ⓑ[しょうゆ・みりん … 各大さじ1
   砂糖 … 小さじ2]
サラダ油 … 大さじ1

作り方

① もやしはみじん切りにする。
   卵は卵黄と卵白に分ける。

② ボウルにひき肉、もやし、Ⓐ、
   卵白を入れて混ぜ、10等分にする。

③ 青じそに片栗粉をふり、②をのせて包む。
   これを10個作る。

④ フライパンにサラダ油を熱して③を入れ、
   両面をこんがりと焼き色がつくまで焼き、
   Ⓑを加えて煮絡める。器に盛り、卵黄を添える。

Point

卵黄はソースとして使い、卵白は肉だね
に混ぜて余すところなく使います。

豚ひき肉
×160g

もやし
×½袋

卵
×1個

青じそ
×10枚

5
日目

豆腐&のりグラタン
を作ろう！

豆腐とのりの
ハーモニー！
簡単和風グラタン！

材料（1人分）

木綿豆腐 … 1丁
卵 … 1個
めんつゆ（3倍濃縮）… 大さじ1
ベーコン（ハーフサイズ）… 4枚
スライスチーズ … 2枚
焼きのり（半切りサイズ）… 1枚
小ねぎ … 適量

木綿豆腐　　　卵　　　ベーコン（ハーフ
×1丁　　　　×1個　　サイズ）×4枚

焼きのり×1枚　　小ねぎ×適量

作り方

① 豆腐は水きりをして手でざっくりと割く。

② ボウルに卵を割り入れて溶きほぐし、
めんつゆ、①を加えて混ぜる。

③ グラタン皿に②を入れて
オーブントースターで5～6分焼く。

④ ベーコン、ちぎったスライスチーズをのせ、
さらに4～5分焼く。
ちぎったのり、小ねぎを散らす。

Point

豆腐は手でざっくりと割くことで
味がしみ込みやすくなります。

材料（1人分）

ごはん … 茶碗1杯分
豚こま切れ肉 … 80g
Ⓐ［焼き肉のタレ … 大さじ1
　　おろししょうが・おろしにんにく … 各少々
えのき … ½袋
豆苗 … ¾袋
もやし … ½袋
ポン酢しょうゆ … 大さじ2
卵 … 1個
Ⓑ［しょうゆ・みりん … 各大さじ1
サラダ油 … 適量
ごま油 … 大さじ1
白いりごま … 適量

作り方

① 豚肉に**Ⓐ**を揉み込む。

② えのき、豆苗は根元を切り落として半分に切る。
もやしと混ぜ合わせて耐熱皿に入れ、
ふんわりとラップをして電子レンジで2分加熱する。
水けをきり、ポン酢しょうゆを加えて和える。

③ フライパンにサラダ油を熱し、卵を割り入れて
目玉焼きを作り、一度取り出す。

④ 同じフライパンにごま油を熱し、
豚肉を入れて炒め、**Ⓑ**を加える。

⑤ 器にごはんを盛り、④、②、③を順にのせて
白いりごまをふる。

豚こま切れ肉　えのき　豆苗　もやし　卵
×80g　　　　×½袋　×¾袋　×½袋　×1個

Point

野菜はレンチン後、水けをきってからポン
酢しょうゆを加えると味がぼやけません。

6日目 豚肉と野菜のっけごはん を作ろう！

肉と野菜が
一緒に食べられる
ワンプレートおかず！

キムチの辛味と
まろやかなチーズが
マッチ！

7日目 キムチチーズチヂミ を作ろう！

材料（1人分）

キムチ … 100g

Ⓐ
卵 … 1個
水 … 100mℓ
顆粒鶏がらスープの素 … 小さじ1

小麦粉 … 100g
もやし … ½袋
スライスチーズ … 2枚
ごま油 … 大さじ1
酢・しょうゆ … 各適宜

キムチ×100g　卵×1個　もやし×½袋

副菜 豆苗のおひたし→P127

作り方

① ボウルにⒶを入れてよく混ぜる。
小麦粉を加えて粉っぽさがなくなるまで混ぜ、
キムチ、もやしを加える。

② フライパンにごま油を熱し、
①を流し入れて丸く成形する。

③ スライスチーズをちぎって散らし、
底が焼けてきたら裏返す。
中まで火が通るようにじっくりと焼く。
好みの大きさに切って器に盛り、
好みで酢じょうゆにつけていただく。

Point

チヂミは中まで火が通るように
じっくり焼きましょう。

えのきのみそ汁 ごま風味

材料と作り方（2人分）

① 鍋にだし汁（400㎖）を入れて火にかけ、沸騰したらえのき（½袋→ざく切り）を加える。

② えのきに火が通ったらみそ（大さじ2）を溶き入れてひと煮立ちさせる。器に盛り、白すりごま（適量）をかける。

わかめスープ

材料と作り方（2人分）

① 鍋に水（400㎖）を入れて火にかけ、沸騰したら乾燥わかめ（小さじ1〜2）、顆粒鶏がらスープの素（小さじ2）を加える。

② 器に盛り、長ねぎ（適量→小口切り）、ごま油（適量）を加える。

豆苗のおひたし

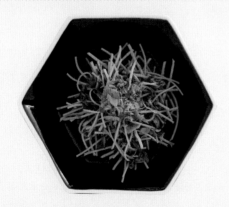

材料と作り方（2人分）

① 豆苗（⅓袋→根元を切り落とし半分に切る）はさっとゆでて冷水にとり、軽く絞る。

② 器に盛り、ポン酢しょうゆ（適量）をかけて削り節（適量）をのせる。

キムチ冷ややっこ

材料と作り方（2人分）

① 木綿豆腐（¼丁→食べやすい大きさに切る）を器に盛り、キムチ（適量）をのせる。

12週目

\ 行ってみよー！ /

今回使う常備食材

- ・米
- ・おろししょうが
- ・パセリ
- ・トマトケチャップ
- ・ウスターソース
- ・砂糖
- ・塩
- ・酢
- ・しょうゆ
- ・めんつゆ
- ・酒
- ・みりん
- ・みそ
- ・白だし
- ・顆粒コンソメ
- ・だしパック
- ・粉チーズ
- ・小麦粉
- ・片栗粉
- ・カレー粉
- ・こしょう
- ・粗びき黒こしょう
- ・マヨネーズ
- ・バター
- ・オリーブ油
- ・サラダ油

まずは 丸ごとトマトのスープカレー を作りたい！

今週はトマトを1個使ったボリューム満点の
スープカレーから作ろう！　かぼちゃが手に
入ったら煮物やシチュー、汁物でポタージ
ュにしても。今週で全ての食材を使いきっ
て冷蔵庫も空っぽに！

1日目

丸ごとトマトのスープカレー

 ×80g ×½個 ×1個 ×¼袋 ×1個 ×200ml ×2枚

豚こま切れ肉残り160gは80gずつラップをして冷凍庫へ　　11週目の残り

2日目

カルボナーラ

 ×80g ×2個 ×100ml ×2枚

11週目の残り

3日目

あんかけかぼちゃ

 ×¼個 ×¼袋 ×80g

4日目

小松菜のふんわりチャーハン

 ×½袋 ×2枚 ×2個

11週目の残り

5日目

れんこんの挟み焼き

 ×1節 ×80g ×½個

6日目

パンプキン＆鶏肉のシチュー

 ×¼個 ×1枚 ×½個 ×2枚 ×400ml

7日目

れんこんの南蛮炒め

 ×1節 ×½個 ×80g

れんこんやかぼちゃが
旬の冬におすすめの週！
旬の時季を狙って
お得に買い物しよう！

1日目

丸ごとトマトの スープカレー を作ろう！

色味が鮮やかな
具だくさんカレー！

材料（1人分）

豚こま切れ肉 … 80g

Ⓐ 小麦粉 … 小さじ2
　 カレー粉 … 小さじ1

玉ねぎ … ½個
トマト … 1個
小松菜 … ¼袋
卵 … 1個

Ⓑ トマトジュース … 200㎖
　 カレー粉・
　 トマトケチャップ・
　 ウスターソース … 各大さじ1
　 顆粒コンソメ … 小さじ1

ベーコン（ハーフサイズ）… 2枚
オリーブ油 … 大さじ1
サラダ油 … 小さじ1

豚こま切れ肉
×80g

玉ねぎ
×½個

トマト
×1個

小松菜
×¼袋

卵
×1個

トマトジュース
×200㎖

ベーコン（ハーフ
サイズ）×2枚

作り方

① 豚肉にⒶを揉み込む。玉ねぎは薄切り、トマトはくし形切りにする。
小松菜は5cm長さに切り、ラップで包んで電子レンジで2分加熱する。
卵はゆで卵にして殻をむき、半分に切る。

② 鍋にオリーブ油を熱し、豚肉、玉ねぎを入れて炒める。豚肉の色が変わったらⒷを加え、弱火で7〜8分煮て器に盛る。

③ フライパンにサラダ油を熱し、トマト、ベーコンをそれぞれ順に炒める。②にトマト、ベーコン、小松菜、ゆで卵をのせる。

Point

スープカレーは煮込みすぎずにサラッと仕上げます。

材料（1人分）

パスタ … 80g
卵 … 2個

Ⓐ ┌ 牛乳 … 100mℓ
　 │ 粉チーズ … 大さじ2
　 └ 塩 … 少々

ベーコン（ハーフサイズ）… 2枚
水 … 200mℓ
粉チーズ・粗びき黒こしょう … 各適量

パスタ×80g　　卵　　　牛乳　　　ベーコン（ハーフ
　　　　　　　×2個　　×100mℓ　サイズ）×2枚

汁物 トマト＆ベーコンのスープ→P137

Point

卵液は半熟のクリーム状に
なったらすぐに火を止めます。

作り方

① 卵1個を卵黄と卵白に分ける。

② ボウルに全卵1個分、①の卵白、Ⓐを入れて
よく混ぜ合わせる。

③ ベーコンは短冊切りにする。

④ 耐熱ボウルにパスタを半分に折って入れ、
水を加える。ふんわりとラップをして
電子レンジで8分加熱する。一度取り出して
よく混ぜ、さらに4分加熱する。

⑤ フライパンにベーコンを入れて
カリッと焼いて取り出す。

⑥ 同じフライパンに②を入れ、かき混ぜながら
弱火で加熱する。半熟のクリーム状になったら
火を止め、④を加えて混ぜ合わせる。器に盛り、
中央に①の卵黄をのせる。ベーコンを散らし、
粉チーズ、粗びき黒こしょうをふる。

ベーコンを
しっかり焼くことで
本格的に！

2日目 カルボナーラ を作ろう！

ゴロッとした
かぼちゃの甘みが
広がる！

3
日目 **あんかけかぼちゃ** を作ろう！

材料（1人分）

かぼちゃ … ¼個
小松菜 … ¼袋
豚こま切れ肉 … 80g

Ⓐ ［片栗粉 … 大さじ1
　 おろししょうが・白だし … 各小さじ1

Ⓑ ［だしパック … 1個
　 水 … 200㎖
　 めんつゆ（3倍濃縮）・白だし … 各大さじ1

水溶き片栗粉 … 水大さじ2＋片栗粉大さじ1

かぼちゃ
×¼個

小松菜
×¼袋

豚こま切れ肉
×80g

作り方

① かぼちゃは乱切りにしてラップで包み、
電子レンジで5分加熱する。小松菜は
5㎝長さに切る。豚肉にⒶを揉み込む。

② 鍋にⒷを入れて火にかけ、
沸騰したら豚肉、かぼちゃを入れて
豚肉をほぐしながら4〜5分煮る。

③ だしパックを取り出し、
水溶き片栗粉を加えてとろみをつけ、
小松菜を加えてさっと煮る。

Point

水溶き片栗粉を加えたら鍋ごと
揺すってとろみをつけます。

材料（1人分）

ごはん … 茶碗1杯分
小松菜 … ½袋
ベーコン（ハーフサイズ）… 2枚
卵 … 2個
塩・こしょう … 各少々
Ⓐ しょうゆ … 小さじ1
　 塩・こしょう … 各適量
サラダ油 … 大さじ2
粗びき黒こしょう … 適量

小松菜　　　ベーコン（ハーフ　　卵×2個
×½袋　　　 サイズ）×2枚

作り方

① 小松菜は2cm長さに切る。
　 ベーコンは短冊切りにする。

② 卵は溶きほぐし、塩、こしょうを加えて混ぜる。

③ フライパンにサラダ油大さじ1を熱し、
　 ②を½量流し入れて炒り卵を作る。
　 ごはん、ベーコンを加えて強火にし、
　 さっと炒め、Ⓐを加えて混ぜる。

④ 小松菜を加え、軽く炒めて器に盛る。

⑤ 同じフライパンに残りのサラダ油を熱し、
　 残りの②を流し入れ、半熟の炒り卵を作って
　 ④にのせる。粗びき黒こしょうをふる。

Point

ごはんは強火で炒めることで
パラッと仕上がります。

4日目 小松菜のふんわりチャーハン を作ろう！

トッピングの卵は
半熟でふわふわに
仕上げて！

歯応えのある
れんこんで
食べ応え抜群！

5 日目 # れんこんの挟み焼き
を作ろう！

材料（1人分）

れんこん … 1節
片栗粉 … 適量
豚ひき肉 … 80g
玉ねぎ … ½個
Ⓐ［ 片栗粉 … 大さじ1
　 みそ・白だし … 各小さじ1
Ⓑ［ 砂糖・しょうゆ・みりん … 各大さじ1
サラダ油 … 大さじ1

作り方

① れんこんは皮をむき、1cmほどの厚さの
　 輪切りを10枚作り、片栗粉をまぶす。

② 玉ねぎはみじん切りにする。
　 ボウルに玉ねぎ、ひき肉、Ⓐを入れて
　 混ぜ、5等分にする。

③ れんこん1枚に②をのせてもう1枚で挟む。
　 これを5個作る。

④ フライパンにサラダ油を熱し、
　 ③を入れて両面をこんがりと焼く。
　 Ⓑを加え、れんこんを裏返しながら煮絡める。

Point

肉だねがはがれないように、れんこん
に片栗粉をしっかりまぶしましょう。

れんこん
×1節

豚ひき肉
×80g

玉ねぎ
×½個

6日目 パンプキン&鶏肉の シチュー を作ろう!

> 濃厚なクリームソースにかぼちゃの甘みがプラス!

材料(1人分)

かぼちゃ … ¼個
鶏むね肉 … 1枚
玉ねぎ … ½個
ベーコン(ハーフサイズ) … 2枚
A「小麦粉 … 大さじ1
　　塩・こしょう … 各少々」
小麦粉 … 大さじ2
牛乳 … 400㎖
顆粒コンソメ … 小さじ2
塩・こしょう … 各適量
サラダ油 … 大さじ1
バター … 大さじ2
パセリ … 適量

かぼちゃ
×¼個

鶏むね肉
×1枚

玉ねぎ
×½個

ベーコン(ハーフ
サイズ)×2枚

牛乳
×400㎖

作り方

① かぼちゃは乱切りにし、ラップで包んで
電子レンジで5分加熱する。
玉ねぎはくし形切りにする。ベーコンは短冊切りにする。

② 鶏肉はそぎ切りにし、Aを揉み込む。

③ フライパンにサラダ油を熱し、
②を入れて両面をこんがりと焼く。
バター、玉ねぎを加えてさっと炒める。

④ 小麦粉をふり入れて具材と絡むように混ぜる。
牛乳を少しずつ加え、小麦粉がダマにならないように
その都度混ぜる。牛乳を全て加え、
沸騰したら弱火にしてとろみがつくまで煮る。

⑤ 顆粒コンソメを加え、塩、こしょうで味を調える。
かぼちゃ、ベーコンを加えてさっと煮る。
器に盛り、パセリをふる。

Point

小麦粉がダマにならないように牛乳を加えたらその都度よく混ぜます。

甘酸っぱいタレで
箸が止まらない！

12
週目

7 日目 れんこんの南蛮炒め を作ろう！

材料（1人分）

れんこん … 1節
玉ねぎ … ½個
豚こま切れ肉 … 80g
Ⓐ ┌ 酒・片栗粉 … 各大さじ1
　 └ おろししょうが … 小さじ1
Ⓑ ┌ 酢・みりん … 各大さじ2
　 └ 砂糖・しょうゆ・白だし … 各大さじ1
サラダ油 … 大さじ1

作り方

① れんこんは皮をむき、5mm幅の
半月切りにする。玉ねぎはくし形切りにする。
豚肉にⒶを揉み込む。

② フライパンにサラダ油を熱し、
豚肉、れんこん、玉ねぎの順に入れて炒める。

③ 豚肉の色が変わったらⒷを加え、
味がなじむようにひと煮立ちさせる。

れんこん
×1節

玉ねぎ
×½個

豚こま切れ肉
×80g

Point

南蛮酢の酸味が残るように、ひと
煮立ちしたらすぐに火を止めます。

トマト＆ベーコンのスープ

材料と作り方（2人分）

① 鍋に水（400㎖）を入れて火にかけ、沸騰したらトマト（½個→角切り）、玉ねぎ（¼個→角切り）、ベーコン（ハーフサイズ1枚→短冊切り）を加えて3～4分煮る。

② 顆粒コンソメ（小さじ2）を加え、塩・こしょう（各適量）で味を調える。器に盛り、パセリ（適量）をふる。

かぼちゃのつぶしポタージュ

材料と作り方（2人分）

① かぼちゃ（80g→皮をむいて乱切り）はラップで包み、電子レンジで2～3分加熱する。

② 鍋に①を入れてフォークでつぶし、牛乳（100㎖）、水（200㎖）を加えて火にかける。沸騰したら顆粒コンソメ（小さじ2）を加え、塩・こしょう（各適量）で味を調える。器に盛り、パセリ（適量）をふる。

れんこんのパリパリチーズ焼き

材料と作り方（2人分）

① フライパンにオリーブ油（適量）を熱し、れんこん（1節→皮をむいて薄切り）を入れて両面こんがりと焼く。

② 粉チーズ（大さじ2）を全体にふり、裏返してパリパリになるまで焼く。

パンプキンサラダ

材料と作り方（2人分）

① 玉ねぎ（¼個→薄切り）は塩（適量）をふって5分ほどおき、水にさらして水けをきる。

② かぼちゃ（100g→皮をむいて乱切り）はラップに包み、電子レンジで3分加熱する。フォークでつぶし、①、マヨネーズ（大さじ3）を混ぜる。器に盛り、パセリ（適量）をふる。

おわりに

　本書では、1週間で食材を使い回し、使いきることをテーマにして献立を考えました。たまに豪華な日があったり、1つの食材だけで作る日があったりと、日常を飾らない私らしい「おうちごはん」のレシピに仕上がりました。ぜひ買い物リストを活用して1週間分をそのまま真似して作っていただけると嬉しいです。

　使いきりの気持ちよさや、2000円でもボリュームのあるごはんが作れるのだと実感していただけると思います。もちろん、これなら作れそう！　と思ったレシピを1つだけ作っていただけるようにもなっているので、お気に入りレシピを見つけてもらえると嬉しいです。

　普通の会社員である私が、本を出版する日が来るなんて夢のようです。改めてYouTube視聴者の皆さま、制作してくださった皆さま、自炊を始めるきっかけをくれた友だち、そして今この本を手に取ってくださった方々に、感謝の気持ちでいっぱいです。本当にありがとうございます。

　初めての本の制作現場は新たな発見と、刺激の連続でワクワクが止まりませんでした。2000円で食材の使い回しをするという制限があるので苦慮する場面も多く、「このレシピにしたらこの食材が余ってしまう…」「では、こういうレシピはどうだろうか」と制作スタッフの皆さんから多くの意見をいただき、試行錯誤を繰り返して完成した本です。よりよい本にしようと意見を出し合う一体感が、初めて物作りに携わる身としては感動するものがあり、物作りの楽しさを感じました。

　中でも、「普段はどうされてますか？」「りんさんがそうしてるならそうしましょう！」など、私の意向を最大限に汲み取ってくださり、自分の本を作っているという実感が湧き立ちました。また、主役のようなどこか恥ずかしい気持ちで撮影に臨んでいた半面、自信と誇りを持つことができ、本当に貴重な経験で価値ある時間だったなと嬉しく思います。

一番印象に残っていることは、制作スタッフの皆さんと撮影で作った料理を食べた時間です。タイトなスケジュールを終え、皆さんとテーブルを囲んで話しながら食べるごはんは格別でした。撮影の話だけでなく、私の人生相談にまでのってくれたり … 笑。素敵な制作スタッフの皆様と出会えて幸せです。

　そしてコロナ禍からは想像もできなかった夢を叶えることができて、どんな逆境もチャンスになる、行動次第で変えられるということをこの経験を通して学びました。私の人生のモットーは「とにかくやってみる」ということです。これからもたくさんのことに挑戦し、さらなる夢を叶えていきたいです。

　YouTubeでは「私もやってみよう、私でもできるかも」と自炊のモチベーションになるような楽しい動画を引き続き作っていきますので、この本で私を知ってくださった方にも、ぜひ見ていただけると嬉しいです。

　人生で初めてのレシピ本は制作の方々と試行錯誤しながら作り上げた最高傑作です！
　本書が1人でも多くの方の生活に役立つことを心から願っています。最後まで読んでくださりありがとうございました。

りんのおうちごはん

さくいん

乳製品

豆類・豆加工品

キムチ

主食・皮

りんのおうちごはん

YouTubeチャンネル登録者数39.1万人、総再生回数3342万超え(2024年4月現在)。27歳OLの節約おうちごはん「りんのおうちごはん」の書籍第1弾。「1週間2000円生活」や、お弁当などの節約レシピを紹介。食材を使いきるルーティーンと料理のテンポのよさが好評。節約方法や1週間の献立の立て方など、参考になる動画が多く、1人暮らしの方や節約をしたい方などに幅広く人気がある。

YouTube：@rin_ouchi_gohan
Instagram：@rin_ouchi_gohan
TikTok：@rin_ouchi_gohan
X：@rin_ouchi_gohan

STAFF

デザイン	小林沙織
撮影	位田明生
レシピ協力	福岡直子
調理アシスタント	藤田藍、鵜久森明奈
レタッチ	阿部望
編集	丸山みき、岩間杏、秋武絵美子（SORA企画）
企画・編集	石塚陽樹（マイナビ出版）
校正	聚珍社
印刷・製本	シナノ印刷株式会社

1週間2000円 りんの節約おうちごはん

2024年4月20日　初版第1刷発行

著　者	りんのおうちごはん
発行者	角竹輝紀
発行所	株式会社マイナビ出版

〒101-0003東京都千代田区一ツ橋2-6-3　一ツ橋ビル2F
TEL：0480-38-6872（注文専用ダイヤル）
TEL：03-3556-2731（販売部）
TEL：03-3556-2735（編集部）
MAIL：pc-books@mynavi.jp
URL：https://book.mynavi.jp

<注意事項>